WORLD WAR II IN SIMPLE FRENCH

Learn French the Fun Way
with Topics that Matter

For Low- to High-Intermediate Learners (CEFR B1-B2)

by Olly Richards

Edited by Eleonora Calviello
Nicolás Walsh, Academic Editor

Copyright © 2022 Olly Richards Publishing Ltd.

All rights reserved. No part of this publication may be reproduced, distributed, or transmitted in any form or by any means, including photocopying, recording, or other electronic or mechanical methods, without the prior written permission of the publisher, except in the case of brief quotations embodied in critical reviews and certain other non-commercial uses permitted by copyright law. For permission requests, write to the publisher:

>Olly Richards Publishing Ltd.

>olly@storylearning.com

Trademarked names appear throughout this book. Rather than use a trademark symbol with every occurrence of a trademarked name, names are used in an editorial fashion, with no intention of infringement of the respective owner's trademark.

The information in this book is distributed on an "as is" basis, without warranty. Although every precaution has been taken in the preparation of this work, neither the author nor the publisher shall have any liability to any person or entity with respect to any loss or damage caused or alleged to be caused directly or indirectly by the information contained in this book.

World War II in Simple French: Learn French the Fun Way With Topics that Matter

FREE STORYLEARNING® KIT

Discover how to learn foreign languages faster & more effectively through the power of story.

Your free video masterclasses, action guides, & handy printouts include:

- A simple six-step process to maximise learning from reading in a foreign language

- How to double your memory for new vocabulary from stories

- Planning worksheet (printable) to learn faster by reading more consistently

- Listening skills masterclass: "How to effortlessly understand audio from stories"

- How to find willing native speakers to practise your language with

To claim your FREE StoryLearning® Kit, visit:

www.storylearning.com/kit

WE DESIGN OUR BOOKS TO BE INSTAGRAMMABLE!

Post a photo of your new book to Instagram

using #storylearning and you'll get an entry

into our monthly book giveaways!

Tag us **@storylearningpress** to make sure we see you!

BOOKS BY OLLY RICHARDS

Olly Richards writes books to help you learn languages through the power of story. Here is a list of all currently available titles:

Short Stories in Danish For Beginners

Short Stories in Dutch For Beginners

Short Stories in English For Beginners

Short Stories in French For Beginners

Short Stories in German For Beginners

Short Stories in Icelandic For Beginners

Short Stories in Italian For Beginners

Short Stories in Norwegian For Beginners

Short Stories in Brazilian Portuguese For Beginners

Short Stories in Russian For Beginners

Short Stories in Spanish For Beginners

Short Stories in Swedish For Beginners

Short Stories in Turkish For Beginners

Short Stories in Arabic for Intermediate Learners

Short Stories in English for Intermediate Learners

Short Stories in Italian for Intermediate Learners

Short Stories in Korean for Intermediate Learners

Short Stories in Spanish for Intermediate Learners

101 Conversations in Simple English
101 Conversations in Simple French
101 Conversations in Simple German
101 Conversations in Simple Italian
101 Conversations in Simple Spanish
101 Conversations in Simple Russian

101 Conversations in Intermediate English
101 Conversations in Intermediate French
101 Conversations in Intermediate German
101 Conversations in Intermediate Italian
101 Conversations in Intermediate Spanish

101 Conversations in Mexican Spanish
101 Conversations in Social Media Spanish
Climate Change in Simple Spanish
Climate Change in Simple French
Climate Change in Simple German
World War II in Simple Spanish
World War II in Simple French
World War II in Simple German

All titles are also available as audiobooks. Just search your favourite store!

For more information visit Olly's author page at:
www.storylearning.com/books

ABOUT THE AUTHOR

Olly Richards is a foreign language expert and teacher. He speaks eight languages and has authored over 30 books. He has appeared in international press, from the BBC and the Independent to El País and Gulf News. He has featured in language documentaries and authored language courses for the Open University.

Olly started learning his first foreign language at the age of 19, when he bought a one-way ticket to Paris. With no exposure to languages growing up, and no natural talent for languages, Olly had to figure out how to learn French from scratch. Twenty years later, Olly has studied languages from around the world and is considered an expert in the field.

Through his books and website, StoryLearning.com, Olly is known for teaching languages through the power of story – including the book you are holding in your hands right now!

You can find out more about Olly, including a library of free training, at his website:

www.storylearning.com

CONTENTS

Introduction xiv
How to Use this Book..xvi
The Five-Step Reading Process xxii
A Note From The Editor..xxiv

1. Sur Le Chemin de la Guerre 1
1.1. Présentation de la Seconde Guerre Mondiale..........................9
1.2. Le Déclenchement de la Seconde Guerre Mondiale 17
1.3. Les deux camps : L'axe et les Alliés..25

2. Quelques Personnalités Emblématiques 29
2.1. Mussolini et le Fascisme Italien..33
2.2. Adolf Hitler et le Nazisme..41
2.3. Staline et son Surnom..49
2.4. Winston Churchill, un leader important...............................57
2.5. Hideki Tojo et le début de la guerre dans la Pacifique 63
2.6. Franklin Roosevelt et l'entrée des états-unis en guerre........67

3. Les événements majeurs 73
3.1. L'évacuation de Dunkerque 83
3.2. L'occupation de la France 89
3.3. Le déroulement de la Bataille D'anglettere............................93
3.4. L'opération Barbarossa..99
3.5. Pearl Harbor 105
3.6. La bataille de Midway 109
3.7. La victoire des britanniques à la bataille de El Alamein....115
3.8. La défaite allemande à Stalingrad 121
3.9. Le Jour J...127
3.10. Hiroshima et Nagasaki 133
3.11. Les juifs pendant la Seconde Guerre Mondiale...............139
3.12. L'impact de la guerre civile espagnole sur la
     Seconde Guerre Mondiale 145

4. Le monde francophone pendant la Seconde Guerre Mondiale............151
4.1. Les québécois et les autres canadiens francophones pendant
      la Seconde Guerre Mondiale 155
4.2. La vie à Monaco pendant la Seconde Guerre Mondiale....................163
4.3. La force publique et le Congo belge pendant la
      Seconde Guerre Mondiale 169
4.4. La libération de Paris..175

5. Les autres visages de la guerre..181
5.1. L'impact de la guerre sur les enfants 183
5.2. Le rôle des femmes durant la Seconde Guerre Mondiale 189
5.3. Le rôle des amérindiens dans la Seconde Guerre Mondiale.............195
5.4. Le rôle des afro-américains pendant la
      Seconde Guerre Mondiale..201
5.5. Les japonais résidant aux États-Unis et au Mexique 207
5.6. Les prisonniers de guerre..211

6. La fin de la guerre...217
6.1. La fin de la guerre : le jour de la Victoire en Europe,
      et le jour de la Victoire au Japon 221
6.2. Les effets de la guerre 225
6.3 le procès de Nuremberg...231
6.4. Les progrès technologiques réalisés pendant la guerre 235
6.5. La continuation du conflit pendant la Guerre Froide 239

7. Divers 245
7.1. Les effets de la propagande pendant la
      Seconde Guerre Mondiale..247
7.2. La seconde guerre mondiale en chiffres..251
7.3. Les livres et les films les plus célèbres sur la
      Seconde Guerre Mondiale..257

Bibliography 261

INTRODUCTION

I have a golden rule when it comes to improving your level and becoming fluent in a foreign language: Read around your interests. When you spend your time reading foreign language content on a topic you're interested in, a number of magical things happen. Firstly, you learn vocabulary that is relevant to your interests, so you can talk about topics that you find meaningful. Secondly, you find learning more enjoyable, which motivates you to keep learning and studying. Thirdly, you develop the habit of spending time in the target language, which is the ultimate secret to success with a language. Do all of this, and do it regularly, and you are on a sure path to fluency.

But there is a problem. Finding learner-friendly resources on interesting topics can be hard. In fact, as soon as you depart from your textbooks, the only way to find material that you find interesting is to make the leap to native-level material. Needless to say, native-level material, such as books and podcasts, is usually far too hard to understand or learn from. This can actually work against you, leaving you frustrated and demotivated at not being able to understand the material.

In my work as a language educator, I have run up against this obstacle for years. I invoke my golden rule: "Spend more time immersed in your target language!", but when students ask me where to find interesting material at a suitable level, I have no answer. That is why I write my books, and why I created this series on non-fiction. By creating learner-friendly material on interesting and important topics, I hope to make it possible to learn your target language faster, more effectively, and more enjoyably, while learning about things that matter to you. Finally, my golden rule has become possible to follow!

World War II

If there is one historical event that defines our lives to this day and has sparked the imagination of thousands of works of fiction and academic studies, it is World War II. The impact of the events that unfolded between 1939 and 1945 is undeniable, and many devote their lives to studying this period and continue to discuss its historical, social, geographical, and political implications.

So, what better way to improve your French than to learn about World War II?

World War II in Simple French is the ideal companion to help those with an interest in history improve their French. Not only will you learn the vocabulary you need to talk about history in French but you will also deepen your knowledge about the events of World War II, their social impact, and some of the less-known players of the period (both at home and on the battlefield). Written in a simple style that makes the history easier to understand, you will nonetheless have the satisfaction of reading through a genuine historical text in your target language.

Informative, comprehensive, apolitical, and reviewed at PhD level for historical accuracy, this book is the perfect way to improve your French while learning about one of the most fascinating periods of modern history.

HOW TO USE THIS BOOK

There are many possible ways to use a resource such as this, which is written entirely in French. In this section, I would like to offer my suggestions for using this book effectively, based on my experience with thousands of students and their struggles.

There are two main ways to work with content in a foreign language:

1. Intensively
2. Extensively

Intensive learning is when you examine the material in great detail, seeking to understand all the content – the meaning of vocabulary, the use of grammar, the pronunciation of difficult words, etc. You will typically spend much longer with each section and, therefore, cover less material overall. Traditional classroom learning generally involves intensive learning.

Extensive learning is the opposite of intensive. To learn extensively is to treat the material for what it is – not as the object of language study, but rather as content to be enjoyed and appreciated. To read a book for pleasure is an example of extensive reading. As such, the aim is not to stop and study the language that you find, but rather to read (and complete) the book.

There are pros and cons to both modes of study and, indeed, you may use a combination of both in your approach. However, the "default mode" for most people is to study *intensively*. This is because there is the inevitable temptation to investigate anything you do not understand in the pursuit of progress and hope to eliminate all mistakes. Traditional language education trains us to do this. Similarly, it is not obvious to many readers how extensive study can be effective. The uncertainty and ambiguity can be uncomfortable: "There's so much I don't understand!"

In my experience, people have a tendency to drastically overestimate what they can learn from intensive study and drastically underestimate what they can gain from extensive study. My observations are as follows:

- **Intensive learning**: Although it is intuitive to try to "learn" something you don't understand, such as a new word, there is no guarantee you will actually manage to "learn" it! Indeed, you will be familiar with the feeling of trying to learn a new word, only to forget it shortly afterwards! Studying intensively is also time-consuming, meaning you can't cover as much material.

- **Extensive learning**: By contrast, when you study extensively, you cover huge amounts of material and give yourself exposure to much more content in the language than you otherwise would. In my view, this is the primary benefit of extensive learning. Given the immense size of the task of learning a foreign language, extensive learning is the only way to give yourself the exposure to the language that you need in order to stand a chance of acquiring it. You simply can't learn everything you need in the classroom!

When put like this, extensive learning may sound quite compelling! However, there is an obvious objection: "But how do I *learn* when I'm not looking up or memorising things?" This is an understandable doubt if you are used to a traditional approach to language study. However, the truth is that you can learn an extraordinary amount *passively* as you read and listen to the language, but only if you give yourself the opportunity to do so! Remember, you learned your mother tongue passively. There is no reason you shouldn't do the same with a second language!

Here are some of the characteristics of studying languages extensively:

Aim for completion: When you read material in a foreign language, your first job is to make your way through from beginning to end. Read to the end of the chapter or listen to the entire audio without worrying about things you don't understand. Set your sights on the finish line and don't get distracted. This is a vital behaviour to foster because it trains you to enjoy the material before you start to get lost in the details. This is how you read or listen to things in your native language, so it's the perfect thing to aim for!

Read for gist: The most effective way to make headway through a piece of content in another language is to ask yourself: "Can I follow the gist of what's going on?" You don't need to understand every word, just the main ideas. If you can, that's enough! You're set! You can understand and enjoy a great amount with gist alone, so carry on through the material and enjoy the feeling of making progress! If the material is so hard that you struggle to understand even the gist, then my advice for you would be to consider easier material.

Don't look up words: As tempting as it is to look up new words, doing so robs you of time that you could spend reading the material. In the extreme, you can spend so long looking up words that you never finish what you're reading. If you come across a word you don't understand… Don't worry! Keep calm and carry on. Focus on the goal of reaching the end of the chapter. You'll probably see that difficult word again soon, and you might guess the meaning in the meantime!

Don't analyse grammar: Similarly to new words, if you stop to study verb tenses or verb conjugations as you go, you'll never make any headway with the material. Try to *notice* the grammar that's being used (make a mental note) and carry on. Have you spotted some unfamiliar grammar? No problem. It can wait. Unfamiliar grammar rarely prevents you from understanding the gist of a passage, but can completely derail your reading if you insist on looking up and studying every grammar point you encounter. After a while, you'll be surprised by how this "difficult" grammar starts to become "normal"!

You don't understand? Don't worry! The feeling you often have when you are engaged in extensive learning is: "I don't understand". You may find an entire paragraph that you don't understand or that you find confusing. So, what's the best response? Spend the next hour trying to decode that difficult paragraph? Or continue reading regardless? (Hint: It's the latter!) When you read in your mother tongue, you will often skip entire paragraphs you find boring, so there's no need to feel guilty about doing the same when reading French. Skipping difficult passages of text may feel like cheating, but it can, in fact, be a mature approach to reading that allows you to make progress through the material and, ultimately, learn more.

If you follow this mindset when you read French, you will be training yourself to be a strong, independent French learner who doesn't have to rely on a teacher or rule book to make progress and enjoy learning. As you will have noticed, this approach draws on the fact that your brain can learn many things naturally, without conscious study. This is something that we appear to have forgotten with the formalisation of the education system. But, speak to any accomplished language learner and they will confirm that their proficiency in languages comes not from their ability to memorise grammar rules, but from the time they spend reading, listening to, and speaking the language, enjoying the process, and integrating it into their lives.

So, I encourage you to embrace extensive learning, and trust in your natural abilities to learn languages, starting with… The contents of this book!

THE FIVE-STEP READING PROCESS

Here is my suggested five-step process for making the most of each chapter in this book:

1. **Read the short the key points summarizing the chapter.** This is important, as it sets the context for the whole chapter, helping you understand what you are about to read. Take note of the main points discussed in each sub-section and if you need to remember what you should be focusing on, go back to the key points section.

2. **Read the short chapter all the way through without stopping.** Your aim is simply to reach the end of the section, so do not stop to look up words and do not worry if there are things you do not understand. Simply try to follow the gist of the chapter.

3. **Go back and read the same sub-section a second time.** If you like, you can read in more detail than before, but otherwise simply read it through one more time, using the vocabulary list to check unknown words and phrases where necessary.

4. By this point, you should be able to follow the gist of the chapter. **You might like to continue to read the same section a few more times until you feel confident.**

Ask yourself: "Did I learn anything new about World War II? Were any facts surprising?"

5. **Move on!** There is no need to understand every word in each paragraph, and the greatest value from the book comes from reading it through to completion! Move on to the next section and do your best to enjoy the content at your own pace.

At every stage of the process, there will inevitably be parts you find difficult. Instead of worrying about the things you don't understand, try to focus instead on everything that you do understand, and congratulate yourself for the hard work you are putting into improving your French.

A NOTE FROM THE EDITOR

In this text, the reader will find an interesting re-telling of the events of World War II (WWII). This book covers not only the well-known events and battles you may have learnt about in school but also some of the less-known but just as important aspects of the most momentous armed conflict in human history. The various characters involved, the impact of the war on Latin America, and the consequences of the conflict for humanity as a whole are described throughout the chapters in a way that is both simple and thought-provoking. Each chapter takes into consideration new and original ways of looking at WWII, placing emphasis on different events and processes that occurred simultaneously throughout the war, both on the battlefield and at home, and have shaped modern history as we know it. To this day, many historians continue to investigate and discuss the importance of these events and changes, applying different ideologies and relying on contrasting academic sources too numerous to include in any single book.

The second World War is one of the most studied topics in modern history – both for the events that took place during the conflict and for the consequences ensuing from it. In particular, the rise of the great political superpowers of the time deepened the sense of tension between right- and left-wing ideologies that had been evident since the French Revolution onwards.

World War I and the Great Depression are also key points to fully understand this conflict. World War I, for instance, was the direct consequence of the alliances formed between the world's greatest superpowers during the preceding decades and evolved into a race for supremacy in Europe. This did not end in 1918, however, but rather it exacerbated the tension between the aforementioned powers of left and right. The Russian revolution in 1917 only served to further ignite tensions. Similarly, the Great Depression of the 1930s was the worst economic crisis the world had ever seen, starting in the United States and later affecting the rest of the world. This crisis led to the increasing popularity of fascist movements by presenting them as an alternative to liberalism and democracy and as a critique of society as a whole. In this context, extreme right-wing movements began to prepare to resolve these ideological rivalries once and for all, which led to the most inhumane armed conflict in modern history.

WWII also completely changed the world and shaped the times we are living in today. The economic, social, and political reconstruction of the world after the 1940s was not an easy process. Nor was it possible to restore the lives and communities of all those people who had been directly affected by the war. The sense of loss of entire nations, the memory of the great loss of life, the displacement of refugees, and the trauma suffered by the survivors of concentration camps permanently modified the collective consciousness of the period, forever changing the perspective of future generations.

Furthermore, this conflict completely altered international relations around the globe. The creation of the United Nations in 1945 was a direct result of the deep desire to avoid yet another catastrophic event like WWII. Despite its good intentions, however, the UN didn't guarantee the peace and harmony it championed. The ideological conflict between left and right continued with the tension between the United States and the former USSR, and more recent conflicts have shown that the sense of fear that originated from the events of the second World War is still alive today.

In short, WWII influenced social and political life profoundly and continues to do so today. We can see signs of this influence in the massive expansion of the war industry and a huge emphasis on individual liberties, such as the ideals of democracy and the freedom of expression, that were so threatened by the fascist regimes of Europe. The continued production and popularity of films, literature, and art related to WWII speaks volumes about just how much we still look back at what was certainly one of the most far-reaching events of the twentieth century.

Nicolás Walsh

translated by Diane Sbihi

1. SUR LE CHEMIN DE LA GUERRE

- *La Seconde Guerre mondiale fut l'une des guerres les plus sanglantes de l'histoire.*
- *La plupart des pays du monde y participèrent.*
- *La guerre eut des conséquences économiques et politiques qui se reflètent encore dans le monde d'aujourd'hui.*

1914, La Première Guerre mondiale. Des « Highland Territorials » dans une tranchée. Photographe : H. D. Girdwood. British Library sur Unsplash

Les historiens de l'époque appelèrent la Première Guerre mondiale « la guerre pour mettre fin à toutes les guerres ». Cette guerre qui dévasta l'Europe et fut l'une des causes de la Seconde Guerre mondiale causa la mort de plus de 38 millions de personnes !

On appelle la période entre la Première et la Seconde Guerre mondiale (1919-1939) « l'entre-deux-guerres ». Durant cette phase, les mouvements fascistes se renforcèrent. À ses débuts, le fascisme était une réponse au chaos économique et politique en Europe. Les gouvernements fascistes avaient cependant des politiques généralement antilibérales, expansionnistes et nationalistes, et **conduisirent** à des conflits armés partout sur la planète.

Après la Grande Dépression, l'Allemagne, l'Italie et le Japon formèrent une alliance connue sous le nom de l'Axe. Ces pays avaient deux objectifs : étendre leurs territoires et lutter contre le communisme dans le monde. Ainsi, le Japon occupa la Mandchourie (une région du nord-est de la Chine), l'Italie envahit l'Éthiopie, et l'Allemagne prit le contrôle de l'Autriche, de la Tchécoslovaquie et de la Pologne.

En réaction à ce mouvement, la Grande-Bretagne, la France, les États-Unis et l'Union soviétique formèrent le groupe des Alliés pour essayer de ralentir l'expansion des pays de l'Axe.

Cette introduction permettra de comprendre différents aspects de cette période historique majeure : en quoi a consisté ce conflit armé, quels en ont été les facteurs déclenchants, et quels camps s'y sont confrontés.

CHRONOLOGIE DE LA PÉRIODE DE L'ENTRE-DEUX-GUERRES (1919-1939)

Voici une chronologie présentant les événements et les changements politiques majeurs qui eurent lieu durant la période de l'entre-deux-guerres, et qui finirent par aboutir au déclenchement de la Seconde Guerre mondiale.

1918

- **11 novembre** : Signature de l'armistice à Rethondes. Ce document officialise la fin de la Première Guerre mondiale.

1919

- **28 juin** : Signature du traité de Versailles. Les Alliés imposent des sanctions politiques et économiques à l'Allemagne.

1920

- **10 janvier** : Création de la Société des Nations le jour même de **l'entrée en vigueur** du Traité de Versailles. Elle a pour but de prévenir l'apparition de conflits dans l'avenir et de maintenir la paix dans le monde.

- **Novembre** : Première réunion de la Société des Nations à Genève. Les États-Unis n'y assistent pas.

1922

- **30 octobre** : Marche sur Rome. Benito Mussolini devient Premier ministre en Italie.

1923

- **8-9 novembre** : Putsch de Munich : Hitler ainsi que le Parti national-socialiste font une tentative de coup d'État qui échoue. Hitler est jugé et condamné à une peine d'emprisonnement.

1925

- **1ᵉʳ décembre** : Signature du Pacte de Locarno, dans lequel l'Allemagne, la France et la Belgique s'engagent à respecter les frontières déjà existantes.

1926

- **Janvier** : Les troupes d'occupation britanniques quittent Cologne, en Allemagne.
- **8 septembre** : Entrée de l'Allemagne dans la Société des Nations.

1929

- **24 octobre** : Le « jeudi noir ». La Bourse de Wall Street à New York fait faillite et entraîne une dépression économique mondiale.

1931

- **28 septembre** : Invasion japonaise de la Mandchourie, au nord-est de la Chine.

1933

- **30 janvier** : Hitler devient **chancelier** du gouvernement de coalition nationale en Allemagne. Roosevelt prend ses fonctions de président des États-Unis d'Amérique.

- **27 mars** : le Japon quitte la Société des Nations.

- **14 octobre** : l'Allemagne quitte la Société des Nations.

1933

- **30 juin** : Nuit des Longs Couteaux. En Allemagne, des officiers SS assassinent Ernst Röhm, commandant des *Storm Troopers*, sur ordre direct du chancelier Hitler.

- **1er août** : Décès du président allemand Hindenburg. Hitler devient le Führer et le commandant suprême du gouvernement allemand. C'est le début du Troisième Reich allemand.

1935

- **9 mars** : Fondation officielle de la Luftwaffe, l'armée de l'air allemande.

- **16 mars** : Hitler commence à recruter de nouveaux soldats et se prépare à la guerre.

- **15 septembre** : Entrée en vigueur des lois de Nuremberg proposées par Hitler. Ces lois retirent la nationalité allemande aux Juifs et interdisent les relations entre Juifs et Allemands non-Juifs.

- **3 octobre** : l'Italie envahit l'Éthiopie.

- **18 novembre** : La Société des Nations sanctionne l'Italie pour l'invasion de l'Éthiopie. Cette sanction n'a cependant pas d'effet, et l'organisation perd de son pouvoir.

1936

- **7 mars** : l'Allemagne viole le traité de Versailles et menace la France en occupant militairement la Rhénanie.

- **17 et 18 juillet** : Début de la guerre civile espagnole. Des membres de partis politiques et de syndicats de gauche y affrontent le général Franco et ses partisans. Franco était un militaire qui s'était rebellé contre le gouvernement de la République espagnole. L'Allemagne et l'Italie soutiennent Franco, l'Union soviétique et les Brigades internationales soutiennent le gouvernement républicain.

- **25 octobre** : Création de l'Axe Rome-Berlin.

- **23 novembre** : Signature du Pacte anti-Komintern (Pacte international anticommuniste) par l'Allemagne et le Japon.

1937

- **25 avril** : Des avions allemands bombardent Guernica, en Espagne, après avoir reçu l'autorisation de Francisco Franco.

- **7 juillet** : Incident du pont Marco-Polo. Les Japonais envahissent la Chine.

- **6 novembre** : L'Italie rejoint l'Allemagne et le Japon dans le pacte anti-Komintern.

- **13 décembre** : Massacre de Nanjing, en Chine. Les Japonais tuent 150 000 Chinois en seulement six semaines.

1938

- **13 mars** : L'Anschluss : l'Allemagne envahit l'Autriche et prend le contrôle de son territoire.

- **10 novembre** : Nuit de Cristal. Les SS attaquent des commerces juifs en Allemagne et en Autriche. Début de la déportation de 30 000 Juifs vers des camps de concentration.

1939

- **15 mars** : L'Allemagne **s'empare** d'une partie du territoire de la Tchécoslovaquie.

- **31 mars** : La France et l'Angleterre s'engagent à protéger la Pologne en cas d'attaque allemande.

- **1er avril** : Fin de la guerre civile espagnole. Le dictateur fasciste Francisco Franco triomphe.

- **26 avril** : L'Angleterre recommence à recruter des soldats pour la guerre.

- **22 mai** : L'Allemagne et l'Italie signent le pacte d'acier et forment une alliance politique et militaire entre les deux pays.

- **23 mai** : Hitler se prépare à envahir la Pologne.

- **23 août** : L'Union soviétique et l'Allemagne signent le Pacte Ribbentrop-Molotov (Traité de non-agression). Ce pacte comprenait une section secrète qui répartissait les territoires de l'Europe de l'Est entre les deux pays.

- **1er septembre** : L'Allemagne envahit la Pologne. L'Angleterre et la France déclarent la guerre à l'Allemagne. Début de la Seconde Guerre mondiale.

Vocabulaire

conduire lead
entrer en vigueur come into effect
(un) chancelier chancellor
s'emparer de take possession of

1.1. PRÉSENTATION DE LA SECONDE GUERRE MONDIALE

- *Plus de 60 millions de personnes perdirent la vie durant la Seconde Guerre mondiale.*
- *Le conflit qui commença en 1939 et se termina en 1945 aura duré six ans.*
- *Deux camps s'y affrontèrent : les Alliés et l'Axe.*

Le cimetière américain de Luxembourg. Photo par Diogo Palhais sur Unsplash.

La Seconde Guerre mondiale est l'un des conflits armés les plus connus de l'histoire **occidentale**.

Les puissances mondiales de l'époque, l'Allemagne, la France, la Grande-Bretagne, le Japon, les États-Unis, la Chine et l'Union soviétique (la Russie) y prirent part. Voilà pourquoi on qualifia cette guerre de « mondiale ».

Ce fut également le conflit le plus destructeur de l'humanité, avec plus de 40 millions de pertes militaires et 20 millions de victimes civiles.

Ce conflit fut principalement terrestre, engageant des troupes d'**infanterie**. Il compta cependant aussi des batailles navales (des batailles en mer avec des **navires** et des sous-marins). Il y eut d'importants développements technologiques durant cette période, ce qui permit aux Alliés de gagner la guerre. Les deux parties rivales utilisèrent des radars, des bombes et des **missiles**.

Contrairement à la Première Guerre mondiale, des pays non-européens participèrent à la Seconde. Ce conflit s'étendit jusqu'au Pacifique, en Extrême-Orient, en Afrique du Nord et en Russie. Des batailles terrestres, maritimes et aériennes majeures eurent lieu dans ces régions.

La Seconde Guerre mondiale ne fut pas la plus longue guerre de l'histoire, puisqu'elle dura moins de sept ans (de 1939 à 1945). Néanmoins, elle devint célèbre de par sa rapidité et les changements politiques, militaires, économiques, culturels et sociaux qu'elle provoqua. En effet, alors que la Première Guerre mondiale fut une guerre de

tranchées et de stratégies défensives, la Seconde consista principalement en attaques directes contre l'ennemi.

À l'époque de la Seconde Guerre mondiale, de nouveaux modèles de véhicules, d'avions et de chars furent développés en peu de temps, ce qui rendit les batailles plus rapides.

Sur terre, les chars, **blindés**, rapides et de grande taille, jouèrent un rôle important. Ils contribuèrent à ouvrir la voie aux troupes d'infanterie et à les protéger. Voilà comment l'Allemagne put envahir la Pologne et la France à une vitesse sans précédent.

Dans les airs, les deux camps utilisèrent des **avions** de plus en plus rapides pour les bombardements et pour soutenir les armées au sol. Les Britanniques développèrent des radars grâce auxquels les avions pouvaient détecter et détruire les sous-marins. La Luftwaffe allemande, avec plus de 4000 avions de guerre, dont 2000 bombardiers, est la force aérienne la plus connue de la Seconde Guerre mondiale.

Les sous-marins furent souvent utilisés en mer. Ils ne s'avérèrent cependant pas aussi efficaces que prévu à cause du grand nombre de mines et de grenades sous-marines, et de l'emplacement stratégique des navires de guerre. D'autre part, les porte-avions, grands navires pouvant transporter plusieurs avions, jouèrent un rôle important dans la guerre du Pacifique, comme ce fut le cas par exemple dans la bataille de Midway (1942), où les États-Unis triomphèrent contre le Japon.

On perfectionna également les bombes durant la Seconde

Guerre mondiale. Les Allemands utilisèrent par exemple des bombes volantes pour attaquer la ville de Londres, mais les plus destructrices furent les bombes nucléaires larguées par les États-Unis sur les deux villes japonaises de Hiroshima et Nagasaki. En raison de leur puissance radioactive, elles tuèrent instantanément près de 200 000 personnes.

Malheureusement, les villes furent aussi bombardées durant la Seconde Guerre mondiale, ce qui causa la mort de nombreux civils. Les Allemands nazis exterminèrent plus de cinq millions de Juifs et de non-Juifs dans les camps de la mort. De plus, 21 millions de personnes déplacées ou en fuite furent forcées au travail.

LES PHASES DE LA SECONDE GUERRE MONDIALE

On peut distinguer quatre phases dans la Seconde Guerre mondiale :

Phase 1 : Les premiers mouvements, de 1939 à 1940.

Après avoir signé le pacte de non-agression nazi-soviétique, les Russes et les Allemands envahirent et se partagèrent la Pologne en septembre 1939. Après une pause tendue de cinq mois, les Allemands occupèrent le Danemark et la Norvège et attaquèrent un mois plus tard les Pays-Bas, la Belgique et la France. Après avoir occupé le nord de la France, les Allemands engagèrent des attaques aériennes sur la Grande-Bretagne entre juillet et septembre 1940, attaques qui se révélèrent inefficaces. Durant cette même période, les armées italiennes de Mussolini envahissaient l'Égypte et la Grèce.

Phase 2 : Les attaques de l'Axe et la défense des Alliés, de 1941 à 1942.

Durant cette phase, la Grande-Bretagne était le seul pays Allié restant en Europe. Adolf Hitler décida d'attaquer la Russie en juin 1941, rompant ainsi le pacte de non-agression que l'Allemagne et l'Union soviétique avaient signé en 1939. La Russie rejoignit donc les Alliés. D'autre part, l'attaque japonaise de la base navale de Pearl Harbor en décembre 1941 poussa les États-Unis à rejoindre le conflit.

Phase 3 : Les attaques alliées et la défense de l'Axe, de 1942 à 1943.

Les États-Unis se joignirent à la Grande-Bretagne dans leur **lutte** contre les pays de l'Axe. En juin 1942, les Américains repoussèrent les Japonais dans le Pacifique lors de la bataille de l'île Midway. En septembre 1942, les Russes défendirent Stalingrad contre les attaques allemandes. En octobre 1942, les Alliés chassèrent les Allemands d'Afrique du Nord lors de la bataille d'El Alamein. Pendant ce temps-là, des villes des deux camps continuaient à être bombardées. En mer, les Britanniques et les Américains éliminèrent lentement la menace des sous-marins allemands.

Phase 4 : La défaite de l'Axe, de 1943 à 1945.

Les États-Unis et l'Union soviétique alliés, avec leurs ressources importantes et leurs nombreux soldats, **affaiblirent** peu à peu les forces de l'Axe jusqu'à les vaincre en 1945, en commençant par l'Italie. Quelque temps plus tard, le 6 juin 1944, connu sous le nom de « jour J », le débarquement en Normandie permit de libérer la France, la Belgique et la Hollande. Les Alliés franchirent ensuite le Rhin et prirent Cologne.

Pendant ce temps, la Russie avançait vers l'Allemagne, en passant par la Pologne. L'Allemagne finit par capituler en mai 1945. Le Japon fit de même en août 1945, quand Hiroshima et Nagasaki, deux villes importantes, furent bombardées par les États-Unis

---

Le saviez-vous ?

Pendant la Seconde Guerre mondiale, comme on ne trouvait pas beaucoup de chocolat et que son prix était élevé, le boulanger italien Pietro Ferrero créa le Nutella comme alternative moins chère au chocolat traditionnel.

Vocabulaire

occidental western
(l') infanterie infantry
(un) missile missile, rocket
(une) tranchée trench
blindé reinforced
(un) avion plane
(un) navire ship
(une) lutte fight
affaiblir weaken

1.2. LE DÉCLENCHEMENT DE LA SECONDE GUERRE MONDIALE

- *L'insatisfaction vis-à-vis des traités de paix signés à la fin de la Première Guerre mondiale conduisit au déclenchement de la Seconde.*
- *L'Allemagne fut sévèrement sanctionnée après la guerre.*
- *L'invasion de la Pologne par l'Allemagne déclencha la déclaration de guerre contre l'Allemagne.*

Les raisons qui conduisirent au **déclenchement** de la Seconde Guerre mondiale sont nombreuses et complexes. Mais les sanctions contre l'Allemagne après la Première Guerre mondiale en furent la cause principale. La Seconde Guerre mondiale fut donc une conséquence directe de la Première.

Après la Première Guerre mondiale, plusieurs **traités** de paix furent signés ; le plus connu est le traité de Versailles, signé par les Alliés et l'Allemagne. Cependant, tous les pays qui signèrent ces traités n'en ont pas accepté les nouvelles obligations.

Le pays le plus insatisfait des conséquences de la Première Guerre mondiale était l'Allemagne. Les Alliés leur avaient **imposé** de nombreuses sanctions politiques et économiques. Dans le chapitre suivant, nous expliquerons comment les sanctions ainsi que la crise économique européenne provoquèrent le début de la Seconde Guerre mondiale.

LE TRAITÉ DE VERSAILLES

Le traité de Versailles est un accord de paix signé à la fin de la Première Guerre mondiale, au château de Versailles lors de la Conférence de paix de Paris, le 28 juin 1919. Des représentants des quatre grandes nations contribuèrent à la rédaction du traité et le signèrent : David Lloyd George de Grande-Bretagne, Georges Clemenceau de France, Woodrow Wilson des États-Unis et Vittorio Orlando d'Italie. L'Allemagne, tenue pour responsable du déclenchement de la guerre, n'y fut pas incluse.

Le traité de Versailles essaya de compenser les pertes de la Première Guerre mondiale en obligeant l'Allemagne à **dédommager** les Alliés. Il prévoyait donc des sanctions sévères pour l'Allemagne :

1. Réduction du territoire allemand de 10 %. Une partie fut acquise par la Belgique, tandis que le Danemark et la France récupérèrent leurs zones frontalières occupées. La Pologne redevint un État indépendant. Toutes les colonies allemandes en Chine, dans le Pacifique et en Afrique furent réparties entre la Grande-Bretagne, la France, le Japon et d'autres nations alliées.

2. Réduction de l'armée allemande à seulement 100 000 soldats.

3. Interdiction de la fabrication de **chars,** de sous-marins, d'avions et de gaz toxiques. Seul un petit nombre d'usines furent autorisées à fabriquer des armes et des munitions.

4. Démilitarisation de l'Allemagne de l'Ouest. La Société des Nations devait encourager d'autres pays européens à faire de même.

5. Obligation à payer jusqu'à 33 milliards de dollars pour réparer les dommages causés pendant la guerre, notamment sur le territoire français et belge.

Ces sanctions créèrent beaucoup de **mécontentement** chez les Allemands. L'opinion publique les trouvait trop sévères. Ce mécontentement social facilita **la montée** et l'installation **au pouvoir** du nazisme, mouvement qui cherchait à défendre les intérêts allemands. Les dirigeants nazis **soutenaient** que le traité de Versailles avait humilié l'Allemagne en imposant au pays des dettes colossales et en l'obligeant à céder des territoires. C'est pour cette raison que l'Allemagne dirigée par Hitler chercha à ignorer ces sanctions et à regagner ce qu'elle avait perdu pendant la Première Guerre mondiale. Pour y parvenir, elle se mit à défier les autres puissances et déclara une seconde guerre.

LA SOCIÉTÉ DES NATIONS

Le traité de Versailles établit également les conditions de la formation de la Société des Nations. Cette organisation cherchait à assurer la paix mondiale et le respect du territoire de chaque état. La Société des Nations devait sanctionner ceux qui déclaraient la guerre à d'autres et promouvoir la réduction de l'armement dans les pays considérés comme une **menace**.

Cette Société n'a toutefois pas réussi à réduire la quantité d'armes présente dans les autres pays en Europe, car elle n'avait ni le pouvoir économique ni militaire pour y arriver.

Ainsi, lorsque le Japon envahit la Mandchourie (au nord-est de la Chine) en 1931, aucune sanction économique ou militaire ne fut imposée. La Grande-Bretagne et la France traversaient une crise économique et n'avaient par conséquent pas les moyens financiers nécessaires pour déclarer une guerre. Le Japon envahit donc la Mandchourie et quitta sans aucune conséquence la Société des Nations en 1933.

En octobre 1933, l'Allemagne quitta à son tour la Société des Nations. Plus tard, en mars 1935, elle refusa le désarmement imposé par le traité de Versailles. À cette même époque, l'Allemagne alla à l'encontre des requêtes de la France, de l'Union soviétique et de la Grande-Bretagne, et se mit à reformer son armée.

La Société des Nations se montra à nouveau inefficace pour assurer le désarmement de l'Allemagne.

Face à la politique expansionniste de l'Allemagne en Autriche et en Tchécoslovaquie, la Société des Nations préféra adopter une politique «d'**apaisement**». Elle essaya de calmer les aspirations d'Hitler pour éviter une autre guerre.

L'invasion de l'Éthiopie par l'Italie en mai 1936 fut un autre **échec** de la Société des Nations. La Société avait imposé à l'Italie des sanctions économiques que celle-ci avait ignorées.

Cet événement démontra l'échec de la Société des Nations à garantir la paix dans le monde, ce qui permit au Japon, à l'Italie et à l'Allemagne de s'allier et de déclarer la Seconde Guerre mondiale.

LA GUERRE CIVILE ESPAGNOLE

Un autre facteur déclenchant de la Seconde Guerre mondiale fut la guerre civile espagnole, entre 1936 et 1939. Ce conflit commença par la rébellion du militaire Francisco Franco et de ses partisans contre le gouvernement de la République espagnole. D'un côté, le fascisme et les conservateurs soutenaient Franco. De l'autre, les socialistes, les communistes et les anarchistes soutenaient le gouvernement de la République. Les deux camps essayaient de maintenir autant que possible leur contrôle sur l'Espagne.

Plusieurs pays européens intervinrent dans ce conflit. L'Italie et l'Allemagne soutenaient le camp nationaliste de Franco, tandis que la Russie était du côté des Républicains.

Un des premiers bombardements sur une population civile eut lieu à Guernica, une ville située au nord de l'Espagne. Lors de cette attaque, les avions allemands testèrent une nouvelle bombe aérienne. La guerre civile espagnole prit fin début 1939, lors de la chute de Barcelone, et Franco commença une dictature fasciste en Espagne.

LA GRANDE DÉPRESSION

La période de « La Grande Dépression », entre 1929 et 1933, contribua aussi au déclenchement de la guerre. Durant ces années, les États-Unis traversaient une période de faible activité économique marquée par **un taux de chômage** élevé, peu de ressources et peu d'investissements.

Bien que la Grande Dépression ait commencé en Amérique, elle finit par toucher le monde entier, et en particulier l'Allemagne. Cette crise économique contribua à la montée au pouvoir d'Adolf Hitler, qui promettait au peuple allemand un renouveau de la croissance économique.

L'INVASION DE LA POLOGNE

L'invasion de la Pologne en 1939 fut le dernier élément déclencheur de la Seconde Guerre mondiale. La France et la Grande-Bretagne avaient auparavant promis à la Pologne qu'elles la protégeraient en cas d'attaque allemande. Voilà pourquoi, lorsque l'Allemagne marcha sur la Pologne en 1939, la France et la Grande-Bretagne lui déclarèrent la guerre.

Le Traité de Versailles, la Société des Nations, la crise économique causée par la Grande Dépression, ainsi que les politiques agressives de l'Italie, du Japon et de l'Allemagne furent donc autant de facteurs qui contribuèrent au déclenchement d'une seconde guerre mondiale. La plupart des pays occidentaux participèrent au conflit.

> *Le saviez-vous ?*
>
> *Malgré le soutien du président américain Woodrow Wilson au traité de Versailles, les États-Unis ne le signèrent pas.*

Vocabulaire

(un) déclenchement trigger
(un) traité treaty
imposé enforced
dédommager compensate
(un) char tank
(le) mécontentement discontent
(la) montée au pouvoir rise to power
(une) menace threat
(un) apaisement easing of tension
soutenir support
(le) taux de chômage unemployment rate
(un) échec failure

1.3. LES DEUX CAMPS : L'AXE ET LES ALLIÉS

- *La guerre opposa deux camps : l'Axe et les Alliés.*
- *Le camp des Alliés comprenait la Grande-Bretagne, la France, la Russie, les États-Unis et la Chine.*
- *Le camp de l'Axe comprenait l'Allemagne, l'Italie et le Japon.*

Médailles allemandes de la Seconde Guerre mondiale, photo par A Different Perspective sur pixaby.com

La Seconde Guerre mondiale fut une lutte armée entre deux camps : les forces de l'Axe et des Alliés.

Les forces de l'Axe étaient composées de trois pays : l'Allemagne, l'Italie et le Japon. La Grande-Bretagne, la France, l'Union soviétique (aujourd'hui la Russie), les États-Unis et la Chine formaient le groupe des Alliés. Dans ce chapitre, nous discuterons des intérêts politiques de chaque pays et les raisons qui les ont poussés à prendre part à la guerre.

L'AXE

L'Axe se composait de trois pays : l'Allemagne, l'Italie et le Japon. Ces trois états avaient **envahi** d'autres nations pendant l'entre-deux-guerres, ce qui fut l'une des principales causes de la Seconde Guerre mondiale.

Le 3 octobre 1935, l'Italie avait envahi l'Éthiopie. En 1931, le Japon avait commencé à occuper la Mandchourie, dans le nord-est de la Chine. En 1936, l'Allemagne avait occupé et militarisé la Rhénanie. En 1938, elle avait occupé l'Autriche et en 1939, une partie de la Tchécoslovaquie.

Les dirigeants de ces trois pays voulaient éliminer tout mouvement communiste et socialiste dans le monde. Le 23 novembre 1936, l'Allemagne et le Japon signèrent le Pacte d'Anti-Komintern (Pacte international anticommuniste). Le 6 novembre 1937, l'Italie quitta la Société des Nations et rejoignit les forces de l'Axe.

Après le début de la Seconde Guerre mondiale, l'Allemagne, l'Italie et le Japon signèrent un pacte tripartite le 27 septembre 1940, qui officialisa la formation de l'Axe.

Pendant la guerre, d'autres les rejoignirent : la Hongrie, la Roumanie, la Slovaquie, la Bulgarie, la Norvège et la Yougoslavie (qui comprenait à cette époque la Croatie, la Macédoine, la Bosnie, le Monténégro et la Serbie). Certains rejoignirent l'Axe sous contrainte politique, alors qu'on avait promis aux autres l'expansion de leurs territoires une fois la guerre terminée.

LES ALLIÉS

Les partenaires Alliés étaient la Grande-Bretagne, la France, l'Union soviétique, les États-Unis d'Amérique et la Chine. Par ailleurs, tous les pays qui signèrent la Déclaration des Nations Unies le 1er janvier 1942 furent aussi considérés comme des Alliés : l'Australie, la Belgique, le Canada, le Costa Rica, Cuba, la République dominicaine, le Salvador, la Grèce, le Guatemala, Haïti, le Honduras, l'Inde, le Luxembourg, les Pays-Bas, la Nouvelle-Zélande, le Nicaragua, la Norvège, le Panama, la Pologne et enfin l'Afrique du Sud. Quelque temps plus tard, le Mexique, les Philippines, l'Éthiopie, l'Irak, le Brésil, la Bolivie, l'Iran, la Colombie, le Libéria, la France, l'Équateur, le Pérou, le Chili, le Paraguay, le Venezuela, l'Uruguay, la Turquie, l'Égypte, la Syrie ainsi que le Liban rejoignirent eux aussi les Alliés.

Au début de la Seconde Guerre mondiale, l'Union soviétique ne s'était pas jointe aux Alliés, puisque son dirigeant, Staline, avait signé le pacte de non-agression avec Hitler. Cependant, le 22 juin 1941, l'Allemagne commença à envahir l'Union soviétique. Cet événement brisa le pacte de non-agression, et l'Union soviétique rejoignit les Alliés pour affronter l'Allemagne.

Les États-Unis ne faisaient pas non plus partie des Alliés. Ils étaient restés neutres au début de la guerre. Cependant, l'attaque du Japon contre la base navale américaine de Pearl Harbor les poussa à se joindre au conflit. Au cours de cette attaque, les Japonais détruisirent 350 avions et cinq navires de guerre. Près de 4000 personnes y perdirent la vie, des soldats et des civils.

La Chine rejoignit aussi les Alliés pendant la Seconde Guerre mondiale. Le Japon avait attaqué et envahi une partie de son territoire pendant l'entre-deux-guerres. La Chine fit la guerre aux côtés des États-Unis et de la Grande-Bretagne pour éliminer la menace japonaise dans le Pacifique.

> *Le saviez-vous ?*
>
> *À l'heure actuelle, de nombreux pays se déclarent neutres. C'est le cas par exemple de la Suisse, du Costa Rica, du Danemark, de l'Irlande et du Liechtenstein*

Vocabulaire

envahir invade
affronter face, confront
rejoindre join

2. QUELQUES PERSONNALITÉS EMBLÉMATIQUES

- *Les **dirigeants** les plus importants du côté des Alliés étaient Winston Churchill, Staline et Franklin Roosevelt.*
- *Du côté des forces de l'Axe se trouvaient Benito Mussolini et Adolf Hitler, qui gouvernaient respectivement l'Italie et l'Allemagne.*

Churchill, Roosevelt et Staline à la conférence de Yalta, en février 1945

Dans cette section, nous présenterons les figures les plus emblématiques de la Seconde Guerre mondiale. Les décisions de ces personnages importants eurent une influence majeure sur le développement du conflit.

Le dictateur italien Benito Mussolini fut le fondateur du premier régime fasciste en Europe. Il persécuta, expulsa et assassina des communistes et socialistes dans son pays. Il fut l'instigateur du pacte avec l'Italie et l'Allemagne pendant la Seconde Guerre mondiale.

Adolf Hitler fut le fondateur du nazisme en Allemagne. Il chercha à étendre les frontières de l'Allemagne, ce qui conduisit à la déclaration de la Seconde Guerre mondiale après l'invasion de la Pologne.

Iósif Vissariónovich Djugashvili, mieux connu sous le nom de Staline, fut le président du Conseil des Commissaires du Peuple et le Généralissime de l'Union soviétique. Il occupa ce rôle avant, pendant et après la Seconde Guerre mondiale, et promut le modèle communiste au sein des pays de l'Union soviétique. Durant la guerre, il dirigea l'Armée rouge qui lutta pour battre l'Allemagne.

Winston Churchill était le Premier ministre britannique pendant la Seconde Guerre mondiale. Considéré comme l'un des grands leaders de l'histoire contemporaine, il est aussi célèbre pour ses discours radiophoniques diffusés entre 1940 et 1941, discours qui avaient pour objectif de remonter le moral des Anglais.

Au Japon, Hideki Tojo était le Premier ministre et chef d'état-major général pendant la Seconde Guerre mondiale. Il lança la guerre dans le Pacifique et ordonna l'attaque de Pearl Harbor, ce qui conduisit à l'entrée en guerre des États-Unis et à l'envoi de leurs troupes en Europe et dans le Pacifique.

Et pour finir, le président des États-Unis pendant la Seconde Guerre mondiale était Franklin Roosevelt. Il avait réussi à remonter le moral des **citoyens,** à relancer la croissance économique après la dépression des années 1930, et avait pris des mesures pour augmenter la production d'armes et d'équipements militaires dans son pays.

Une meilleure compréhension de la vie de ces **dirigeants** et de leurs contributions à la Seconde Guerre mondiale nous permettra d'avoir une meilleure compréhension du déroulement de la plus grande lutte armée de l'histoire.

Vocabulaire

(un) dirigeant leader
(un) citoyen citizen

2.1. MUSSOLINI ET LE FASCISME ITALIEN

- *Mussolini est né en 1883 et il est mort en 1945.*
- *Il fonda le fascisme italien.*
- *Il fut chef du Parti nationaliste italien et devint dictateur de l'Italie.*

Benito Mussolini par Gala-az sur Depositphoto.com

De 1922 à 1943, Benito Mussolini devint le Premier ministre italien. Surnommé « Il Duce », qui signifie « Le Chef » en italien, il fut le premier dictateur fasciste du 20ᵉ siècle

SA VIE PERSONNELLE

Mussolini naquit dans une famille pauvre. Son père était **forgeron** et journaliste de gauche. Sa mère était institutrice. Il passa toute son enfance dans une petite maison.

Selon des historiens, Mussolini était un enfant difficile. Il fut expulsé de plusieurs écoles après avoir menacé des enseignants et des camarades de classe. Mussolini était pourtant un enfant intelligent. Il eut de bonnes notes à ses examens finaux, et une fois adolescent, il obtint un diplôme d'enseignant. Mais il se rendit compte rapidement qu'il ne voulait pas travailler dans ce domaine.

Durant sa jeunesse, il aimait lire des écrits de philosophie, et s'intéressait en particulier aux philosophes allemands comme Marx et Nietzsche. Il commença à se consacrer au journalisme politique à tendance socialiste. Le socialisme est une idéologie qui défend l'égalité politique, sociale et économique des individus, et place les besoins de la société au-dessus des besoins individuels.

Mussolini organisa des **grèves** et des **manifestations** pour soutenir les idées socialistes et communistes, conformément à ses convictions politiques. Durant cette phase de sa vie, il fut arrêté par la police onze fois !

SA CARRIÈRE POLITIQUE

En 1911, il fonda son propre journal socialiste, La Lotta di Classe (La lutte des Classes). Il était devenu tellement populaire qu'en 1912, il fut nommé rédacteur en chef du journal socialiste officiel *Avanti*! (En Avant!).

Mais Mussolini changea progressivement d'idéologie dans les années suivantes. Il abandonna ses aspirations socialistes et se mit à soutenir la participation italienne à la Première Guerre mondiale. Pour cette raison, il fut **licencié** du journal et exclu du Parti socialiste italien. En 1914, il devient rédacteur en chef du magazine *Il Popolo d'Italia* (Le Peuple d'Italie), où il critiquait les socialistes.

Son idéologie commençait à évoluer. Mussolini se mit à **promouvoir** le nationalisme italien et l'idée que l'Italie devait se défendre contre les Allemands, contre les socialistes et contre les libéraux. Ce fut la première étape fasciste dans la carrière politique de Mussolini.

Durant la Première Guerre mondiale, Mussolini fut sergent de *bersaglieri*[1]. Son service militaire et la révolution russe le conduisirent à utiliser la politique comme une continuation de la guerre et comme le seul moyen de résoudre les conflits du monde.

En février 1918, il commença à partager ses idées. Il était convaincu que l'Italie avait besoin d'un leader fort et charismatique pour **résoudre** ses problèmes politiques

---

[1] corps d'infanterie italien qui se déplaçait à bicyclette.

économiques. Quelque temps plus tard, il se présenta comme ce leader potentiel.

En 1919, il préparait déjà sa campagne pour devenir Premier ministre. Le 23 mars 1919, il fonda le mouvement fasciste qui comptait une quarantaine de membres. Mussolini est considéré comme étant le fondateur du fascisme, mouvement politique et social à l'idéologie nationaliste et totalitaire.

Les fascistes soutenaient que le gouvernement devait réglementer la vie entière des citoyens, des vêtements qu'ils portaient aux films qu'ils regardaient. Mussolini créa pour cette raison le studio de cinéma Cinecittà à Rome, ainsi que l'*Ente Nazionale della Moda* (Agence nationale de la mode) pour surveiller les créateurs et empêcher la haute couture française d'influencer l'Italie.

Le gouvernement fasciste de Mussolini se caractérisait par :

1. Un nationalisme extrême : Sa nation était supérieure à toutes les autres. Le nationalisme italien naquit en partie de la crise économique et des troubles sociaux qui suivirent la Première Guerre mondiale.

2. Un gouvernement totalitaire : Le totalitarisme est un régime politique où l'État a le contrôle total de tous les aspects de la vie des citoyens.

3. Un parti unique : il n'y avait ni démocratie ni vote, et il n'y avait qu'un seul parti, le parti fasciste.

4. De la violence militaire : Tous ceux en désaccord avec Mussolini étaient persécutés et violemment sanctionnés.

De nombreux Italiens soutenaient le gouvernement de Mussolini à ses débuts. Le succès du fascisme en Italie était lié à plusieurs facteurs : Mussolini avait une personnalité charismatique et ses **discours** étaient persuasifs. Par ailleurs, l'Italie était en train de traverser une grave crise politique et économique que Mussolini promettait de résoudre.

En 1919 et 1920, certaines personnes inspirées par les idéaux fascistes de Mussolini commencèrent à attaquer ceux qui soutenaient le socialisme. Beaucoup furent humiliés, battus et même tués. En 1921, les mouvements fascistes contrôlaient une grande partie du gouvernement italien. La même année, Mussolini fut élu député.

LE FASCISME EN ITALIE

En été 1922, les mouvements fascistes eurent l'opportunité de s'emparer du pouvoir. Les fascistes étaient en désaccord avec la réponse du gouvernement aux **grèves** socialistes. Comme ils voulaient que le gouvernement arrête les grèves, ils organisèrent une grande manifestation et marchèrent jusqu'au siège du gouvernement. Cette manifestation fut appelée « La marche sur Rome ». Ceux qui y participèrent cherchaient à **renverser** le gouvernement.

La marche sur Rome porta ses fruits : le 28 octobre 1922, le roi Victor Emmanuel III nomma Mussolini Premier ministre d'Italie. Mussolini pouvait dorénavant établir un gouvernement fasciste.

De nombreux Italiens soutenaient le gouvernement de Mussolini parce qu'il paraissait être la solution à la crise économique et politique que traversait pays. Beaucoup de gens étaient fatigués de toutes les grèves et les manifestations, et ils voyaient en Mussolini la solution à cette crise.

Au début, le gouvernement de Mussolini réussit à contrôler la situation en Italie, mais ce contrôle entraîna également la répression de la population. Mussolini élimina les autres partis politiques, fit disparaître la liberté de la presse, et traduisit en justice ses opposants. Il forma par ailleurs un réseau **d'espions** et une police secrète pour surveiller les citoyens. Parallèlement, il réprima les socialistes, les libéraux et l'Église catholique.

Après quelque temps, Mussolini commença à penser à étendre l'Italie et à créer un empire. Il ordonna donc l'invasion de l'Éthiopie, en Afrique, en 1935. Ce fut une campagne très violente, car l'armée italienne larguait des bombes à gaz sur les civils éthiopiens.

Malgré les sanctions de la Société des Nations, l'Italie poursuivit son invasion de l'Afrique du Nord et soutint les forces fascistes de Francisco Franco tout au long de la guerre civile espagnole (de 1936 à 1939).

Dans les années 1930, Mussolini partageait de nombreuses idées avec Adolf Hitler. L'Allemagne et l'Italie se soutinrent donc mutuellement durant cette période, tant au niveau militaire que financier.

De plus, ils signèrent le Pacte d'acier qui faisait de ces deux états des alliés dans tout conflit armé.

Conformément aux idéologies nazies, Mussolini promulgua en 1938 des lois antisémites en Italie, qui séparaient les Juifs du reste de la population. L'antisémitisme en Italie ne fut cependant pas aussi radical qu'en Allemagne. Seuls les Juifs dans les zones occupées par les Allemands, furent déportés vers les camps de concentration.

Au début de la Seconde Guerre mondiale, le gouvernement de Mussolini était neutre, mais il déclara la guerre aux Alliés lorsque l'Allemagne commençait à prendre l'avantage dans le conflit.

La Seconde Guerre mondiale ne fut pas très avantageuse à l'Italie. En 1940, Mussolini décida d'attaquer la Grèce, mais sa tentative échoua. Plus tard, lors de l'invasion de l'Union soviétique, beaucoup de soldats italiens perdirent la vie, car ils n'étaient pas préparés au froid hivernal. En 1943, lorsque les Anglais remportèrent la bataille d'El Alamein, l'Italie se retira de l'Afrique du Nord. En juillet 1943, les Alliés prirent la Sicile sans trop de difficultés.

À cause de toutes ces défaites, Mussolini savait que son gouvernement prendrait fin avec la Seconde Guerre mondiale. En 1943, après la prise de la Sicile, le Grand Conseil fasciste ordonna l'arrestation de Mussolini et le démit de ses fonctions de Premier ministre.

Emprisonné dans un hôtel de luxe dans les montagnes italiennes, il fut secouru par des officiers SS allemands et transporté par avion à Munich. Mussolini établit ensuite un gouvernement fasciste dans le nord de l'Italie, d'où il se prépara à affronter les troupes des Alliés. Mais ces derniers étaient en train de traverser rapidement l'Italie.

En 1945, face à la défaite imminente de l'Allemagne, Mussolini tenta de s'enfuir de l'autre côté de la Suisse déguisé en soldat allemand. Il fut toutefois reconnu par des combattants communistes. Le 28 avril 1945, il fut assassiné et son corps fut pendu sur la place Loreto à Milan. Une foule nombreuse célébra la chute du dictateur fasciste.

Le saviez-vous ?

Mussolini écrivit un livre érotique en 1909. Il s'appelait La Maîtresse du Cardinal et se déroulait au XVIIe siècle. Le livre devint si populaire qu'il fut traduit en dix langues !

Vocabulaire

(un) forgeron blacksmith
(une) grève strike
licencier lay off, discharge
promouvoir promote
résoudre solve
empêcher prevent
(un) discours talk
(une) manifestation protest
renverser overthrow
(un) espion spy

2.2. ADOLF HITLER ET LE NAZISME

- *Hitler est né en 1889 et il est mort en 1945.*
- *C'était un homme politique allemand, le chef du parti nazi et dictateur de l'Allemagne entre 1933 et 1945.*
- *La Seconde Guerre mondiale commença par l'invasion de la Pologne en 1939.*

Adolf Hitler fut le dirigeant du parti nazi, le chancelier et Führer d'Allemagne. Il était connu sous le nom de « der Führer », qui signifie en allemand « le chef ». Hitler fonda le nazisme. Il s'agit d'une doctrine politique fondée sur le nationalisme, le racisme et le totalitarisme.

Le nazisme considérait le peuple blanc allemand supérieur aux autres « races » humaines en Europe et ailleurs dans le monde. Cette idéologie causa la mort de millions de Juifs et de non-Juifs pendant la Seconde Guerre mondiale.

Hitler naquit à Braunau-am-Inn, en Autriche. Il méprisait son père, **douanier** subalterne, mais il aimait beaucoup sa mère.

Malgré son intelligence, Hitler n'étudia pas à l'université. Après avoir fini ses études, il alla à Vienne pour étudier les Beaux-Arts, mais échoua deux fois à l'examen d'entrée.

Hitler était à cette époque très solitaire et se consacrait à la peinture de cartes postales pour survivre.

HITLER ET LA PREMIÈRE GUERRE MONDIALE

En 1913, Hitler s'installa à Munich puis à Vienne. En février 1914, il fut rejeté par le service militaire autrichien, car il était trop faible pour tenir un **fusil**. Il fut toutefois autorisé à rejoindre le 16ᵉ régiment d'infanterie bavarois lorsque la Première Guerre mondiale éclata.

Après huit semaines d'entraînement, Hitler **se rendit** en France et en Belgique, sur le front occidental, en octobre 1914. En octobre 1916, blessé et victime d'une attaque au gaz, il devient temporairement aveugle.

Pour sa bravoure au combat, Hitler reçut la Croix de Fer de 2ᵉ classe en décembre 1914 et la Croix de Fer de 1ʳᵉ classe en août 1918. Son service militaire pendant la guerre et la révolution russe le conduisirent à utiliser la politique comme une continuation de la guerre, et comme le seul moyen possible de résoudre les conflits du monde.

Après la Première Guerre mondiale, en 1919, Hitler commença sa carrière politique à Munich. Il accusait les socialistes, les juifs et les communistes de la défaite allemande.

En 1919, il devint un agent secret des autorités militaires de Munich pour espionner d'autres militaires aux « idées dangereuses », telles que le pacifisme, le socialisme et la démocratie. Le gouvernement allemand était en train de devenir nationaliste, et Hitler soutenait ce changement.

En 1920, il **démissionna** de son poste militaire pour se consacrer à la direction de la propagande du Parti ouvrier allemand, qui fut appelé « Parti national-socialiste des travailleurs allemands ». Ce parti sera plus tard connu sous le nom de parti nazi.

Les nationaux-socialistes considéraient les Allemands « purs » ou « vrais » comme supérieurs aux autres peuples européens. Dès le départ, leur organisation fut basée sur le contrôle militaire de leurs membres. Hitler réussit dans le parti et en devint le chef en juillet 1921. Grâce à sa personnalité et à son leadership fort, le parti nazi se réorganisa et gagna beaucoup plus de membres.

La **croissance** rapide du parti nazi poussa certains de ses membres à planifier un coup d'État contre la République de Bavière. Ils manipulèrent le gouvernement bavarois et son armée locale pour écarter le gouvernement de Berlin du pouvoir. Cependant, cette « révolution » échoua et se termina par une fusillade. Plusieurs membres du parti nazi furent arrêtés, dont Adolf Hitler.

Il fut jugé pour trahison et passa neuf mois en prison où il écrivit son livre : *Mon combat* (*Mein Kampf*). La médiatisation de l'arrestation et du procès fut une excellente propagande pour Hitler et le parti nazi.

SA MONTÉE AU POUVOIR

En raison de la crise économique mondiale qui commença en 1929, les idées nationalistes d'Hitler **rallièrent** un grand public. Les classes supérieures et moyennes avaient tendance à soutenir le parti nazi qui leur promettait une amélioration des conditions économiques en Allemagne et la disparition du communisme.

En 1930, le parti nazi était déjà le deuxième plus grand parti politique d'Allemagne. En 1932, Hitler se présenta aux élections présidentielles. Malgré sa défaite, il démontra son pouvoir politique en remportant 37 % des voix. En janvier 1933, Hindenburg, le président allemand vainqueur, attribua le poste de chancelier à Adolf Hitler. Il s'agit du deuxième poste le plus important en Allemagne. Après la mort d'Hindenburg, Hitler obtint la présidence du Reich et la chancellerie et établit un gouvernement dictatorial basé sur l'idéologie nazie.

Le nazisme allemand ressemblait beaucoup au fascisme italien. Mais certaines caractéristiques les différenciaient :

1. Ultranationalisme, anticommunisme et totalitarisme : Bien que le fascisme italien ait également été totalitaire, le nazisme contrôlait encore plus ses citoyens. Chaque aspect de la vie était réglementé, généralement de manière sévère. Dans le gouvernement d'Hitler, le dirigeant contrôlait tout le pouvoir politique et économique.

2. Politique de la terreur : la Gestapo, une force de police qui surveillait et réprimait la population, vit le jour en Allemagne.

3. Racisme : Le parti nazi promouvait la haine envers les Juifs, tenus pour responsables de tous les maux en Allemagne. Les Juifs commencèrent par perdre leurs droits en tant que citoyens ; plus tard, leurs biens furent confisqués ; ils furent ensuite déportés dans des camps de la mort. Des catholiques, des gitans, des personnes de couleur, des homosexuels et des handicapés furent également persécutés et assassinés.

4. Propagande politique intensive : la propagande et le cinéma furent utilisés pour diffuser l'idéologie nazie auprès de la population allemande et à travers le monde. Le nazisme contrôlait également les productions culturelles et les médias.

5. Expansionnisme : Hitler défendait le concept du « Lebensraum » ou « espace vital », et justifiait ainsi la nécessité d'étendre les frontières de l'Allemagne et de protéger le peuple allemand.

Le régime dictatorial d'Hitler devint très populaire parce qu'il améliora l'économie : le taux de chômage baissa et les salaires augmentèrent. Voilà pourquoi 90 % de la population soutenaient la politique nazie.

Cependant, Hitler était plus intéressé par la politique étrangère, car il pensait que l'expansion territoriale de l'Allemagne assurerait le bien-être économique et social de la population. Son objectif était de s'emparer du territoire de la Pologne, de l'Ukraine et d'une partie de l'Union soviétique. Pour exécuter son plan, Hitler devait aller à l'encontre du traité de Versailles. L'Allemagne quitta donc la Société des Nations, forma une nouvelle armée et s'allia avec l'Italie et le Japon. En 1936, Hitler signa un traité de coopération avec Mussolini, puis un pacte anticommuniste avec le Japon.

LA SECONDE GUERRE MONDIALE

À partir de 1937, l'Allemagne commença à envahir les territoires voisins. Elle envahit l'Autriche en février 1937 et la Tchécoslovaquie en 1939. Elle cibla ensuite la Pologne, qui avait un pacte garantissant le soutien militaire de la France et de la Grande-Bretagne en cas d'attaque allemande.

Mais en septembre 1939, Hitler ordonna l'invasion de la Pologne. Deux jours plus tard, la France et la Grande-Bretagne déclaraient la guerre à l'Allemagne. C'était le début de la Seconde Guerre mondiale.

Au début du conflit, Hitler remporta plusieurs succès militaires. Entre avril et juin 1940, l'armée allemande envahit le Danemark, la Norvège, le Luxembourg, les Pays-Bas, la Belgique et la France. Alors qu'il avançait rapidement sur l'Europe occidentale, Hitler pensait que la Grande-Bretagne finirait par se rendre. Mais le Royaume-Uni ne baissa pas les bras.

Hitler attaqua donc le territoire britannique avec des avions. En 1941, Hitler s'en prit à l'Union soviétique. Malgré leur rapidité, l'hiver frappa durement les troupes allemandes. En décembre de la même année, les troupes allemandes arrivèrent à Moscou, la capitale de la Russie. Mais face à la défense russe, et affaiblies par le froid, elles ne purent avancer davantage.

Avec l'entrée des États-Unis en guerre en 1942 et le soutien de leurs nombreuses troupes ainsi que celles de l'Union soviétique, l'Allemagne commença à perdre de son territoire conquis.

Après avoir perdu des territoires en Union soviétique et en Afrique du Nord, Hitler se cacha dans les quartiers généraux en Allemagne de l'Est. Il continua malgré tout à diriger les troupes allemandes. En 1943, il fit **porter secours** à Mussolini arrêté en Italie.

Comme l'Allemagne était en train de perdre la guerre, certaines factions militaires allemandes voulaient destituer Hitler et signer un accord de paix. Mais les nombreuses tentatives d'assassinat du chancelier entre 1943 et 1944 se soldèrent par **un échec**.

En janvier 1945, alors qu'il était à Berlin entouré de troupes soviétiques, Hitler finit par reconnaître sa défaite et prépara son suicide.

Il décida alors de mettre de l'ordre dans ses affaires. Le 28 avril, il épousa Eva Braun. Il rédigea ensuite un document où il expliquait les motivations de ses actions et cédait le pouvoir à d'autres membres du parti. Selon certains historiens, Hitler se tira une balle dans la tête le 30 avril, et sa femme ingéra du poison. Son corps ne fut jamais trouvé.

> *Le saviez-vous ?*
>
> *Nous avons pensé pendant un certain temps qu'Adolf Hitler souffrait d'un trouble de la personnalité. Mais ce n'était pas le cas. Des psychologues d'histoire ont étudié son parcours et ont conclu qu'il n'était ni sociopathe ni psychopathe. Cependant, il était hypocondriaque, a consommé beaucoup de médicaments pendant une longue période, et a souffert de la maladie de Parkinson pendant la dernière année de sa vie.*

Vocabulaire

(un) douanier customs officer
(un) fusil shotgun
(la) croissance the growth
démissioner resign, quit
rallier rally
se rendre surrender
porter secours assist
(un) échec failure

2.3. STALINE ET SON SURNOM

- *Staline est né en 1878. Il est mort en 1953.*
- *C'était un homme politique soviétique. Il succéda à Lénine en tant que dirigeant de l'Union soviétique de 1924 à 1953.*
- *Il expulsa ses principaux rivaux aux commandes du Parti nationaliste russe hors de l'URSS.*

Joseph Stalin, un portrait par xdrew73 sur Depositphoto.com

Staline était le secrétaire général du Parti communiste de l'Union soviétique et président de l'État soviétique. Au cours de ses presque 25 années de dictature, il fit de l'Union soviétique l'une des grandes **puissances** mondiales. Son nom russe était Iósif Vissariónovich Djugashvili. Son surnom « Staline » provient du mot russe « **acier** ».

Quand Staline était à la tête du gouvernement, de nombreux Russes voyaient en lui un héros puissant, digne d'être respecté et honoré à l'image d'un dieu : On parle de **culte** de la personnalité de Staline. La popularité de Staline est évidente de par la quantité de bustes et de statues qu'il fit fabriquer en son honneur et qu'il exposa dans toute la Russie.

Staline n'est cependant pas né en Russie, mais en Géorgie. Il était le fils d'un cordonnier de la ville de Gori. Sa famille parlait géorgien à la maison, mais le jeune Staline apprit le russe à l'école religieuse de Gori. En 1898, il devint membre du Parti ouvrier social-démocrate de Russie. La mère de Staline souhaitait que son fils devienne prêtre, mais celui-ci avait d'autres ambitions.

LE DÉBUT DE SA CARRIÈRE POLITIQUE

Staline entra au séminaire orthodoxe de Tbilissi, où il étudia les écrits de Karl Marx sur le socialisme et le communisme. Il fut renvoyé du séminaire pour avoir diffusé de la propagande marxiste. À partir de cet instant, il se consacra à la politique révolutionnaire. En 1903, Staline rejoignit le mouvement bolchevique en tant que disciple de Lénine. Le bolchevisme était le système politique en place en Russie depuis la révolution de 1917. Cette doctrine était basée sur les idées socialistes et communistes de Marx et de Lénine.

Peu à peu, Staline gravit les échelons **au sein du** parti. En 1912, il était déjà membre du premier Comité central du Parti bolchevique. Il **rédigea** également plusieurs articles sur la situation nationale russe. Il devint rédacteur en **chef** de la Pravda, un nouveau journal révolutionnaire. C'est à partir de ce moment qu'il adopta le nom de Staline.

Pendant la guerre civile russe, entre 1918 et 1920, il occupa diverses fonctions politiques : il fut commissaire aux nationalités et commissaire au contrôle de l'État. Mais c'est sa fonction de secrétaire général du Parti qui lui permit de lancer sa dictature.

LA MORT DE LÉNINE ET LA MONTÉE AU POUVOIR DE STALINE

Staline suivit en quelque sorte l'exemple de Lénine. Déjà très influent en 1922, son ascension au pouvoir s'accéléra quelques semaines après être devenu secrétaire général du Parti, car Lénine avait eu une crise cardiaque.

Lénine ne récupéra jamais complètement. Il redevint chef du parti entre août 1922 et le printemps 1923, mais se sentant très faible, il commença à déléguer de plus en plus de travail à Staline.

En octobre 1922, Lénine exprima tout son soutien à Staline en tant que secrétaire général. Mais après les événements violents qui eurent lieu en Géorgie sous les ordres de Staline, il perdit confiance en lui. Au printemps 1923, Lénine prépara son testament, où il critiquait sévèrement Staline.

En 1923, avant la mort de Lénine, on comptait quatre personnes influentes dans le parti : Trotsky, Kamenev, Zinoviev et Staline. Après la mort de Lénine en 1924, Staline, Kamenev et Zinoviev s'allièrent contre Trotsky. Cette alliance fut appelée « la Troïka ». Certains membres du Parti pensaient que Trotsky devait être expulsé à cause de ses idées radicales et de sa critique de Staline. Malgré tout, Staline s'opposa à son expulsion. Mais avec le temps, craignant que Trotsky ne prenne le pouvoir, il changea d'avis et s'opposa à lui. À cette même époque, la Troïka fut dissoute et Staline se trouva d'autres alliés.

En 1926, il y avait deux courants idéologiques au sein du parti, soutenus par les partisans de Staline d'un côté, et les partisans de Trotsky, Zinoviev et Kamenev de l'autre. Cette situation, appelée « Opposition unifiée », permettait plus de liberté d'expression et moins de bureaucratie au sein du parti.

En octobre 1927, ne soutenant plus ce courant, Staline officialisa l'expulsion de Trotsky et de Zinoviev, et en décembre, celle de Kamenev. Staline devint alors le leader suprême du Parti communiste de l'Union soviétique.

Staline expulsa même Trotsky de l'Union soviétique en 1929 et le fit assassiner en 1940.

LE STALINISME DANS L'UNION SOVIÉTIQUE

Après la mort de Lénine, Staline créa un culte de Lénine et de lui-même, pour **renforcer** son pouvoir.

En 1928, Staline lança un plan de cinq ans pour développer l'industrie et l'économie de l'Union soviétique. Ce plan contraignit plus de 25 millions de foyers ruraux à se regrouper en fermes de production de l'État. La police politique russe persécuta, exila et assassina les agriculteurs qui refusaient de participer à ce programme. Une grande famine s'installa en Union soviétique et surtout en Ukraine. Environ 10 millions de paysans russes sont morts de faim.

À partir de 1934, Staline commença à « **nettoyer** » le Parti communiste en éliminant ceux qui selon lui trahissaient ses idéologies. Tout membre soupçonné d'être en désaccord avec Staline était jugé et condamné à mort. Il persécuta de nombreux militaires, artistes, dirigeants, représentants du gouvernement, chefs de parti et enseignants. On estime aujourd'hui que plus de 12 millions de personnes furent tuées dans ce processus de « **nettoyage** », qui permit à Staline de gagner en pouvoir politique.

LA SECONDE GUERRE MONDIALE ET L'UNION SOVIÉTIQUE

La Seconde Guerre mondiale renforça la dictature de Staline en Union soviétique. Il commença par signer un pacte de non-agression avec Hitler en août 1939. Cela permit à l'Allemagne d'envahir la Pologne puis d'en partager le territoire avec l'URSS.

Staline repoussa les frontières de l'Union soviétique vers l'ouest et y inclut la Pologne de l'Est, l'Estonie, la Lituanie et une partie de la Roumanie. Il attaqua aussi la Finlande et en occupa une partie. Mais malgré son pacte avec l'Allemagne, Hitler se retourna contre Staline et décida d'envahir l'Union soviétique. Cette attaque poussa l'Union soviétique à rejoindre les Alliés.

En mai 1941, Staline fut nommé président du Conseil des commissaires du peuple, poste qui lui permit de gouverner librement le pays durant le reste de la Seconde Guerre mondiale.

Au début de la guerre, Staline avait décidé de réunir la population russe dans les grandes villes industrielles (Stalingrad, Leningrad et Moscou) et de laisser les Allemands avancer sans leur offrir de ressources ou de nourriture pour l'hiver. Mais la défense de l'Union soviétique ne fut d'aucune utilité, et les Allemands envahirent une grande partie du territoire soviétique. À cause de la vague de « nettoyage » qu'avait menée Staline, L'Armée rouge (l'armée soviétique officielle) n'était pas assez puissante au moment de l'invasion allemande. Mais lorsque Staline en prit le commandement direct, l'offensive soviétique **se renforça.**

L'armée allemande marcha sur Moscou, la capitale de l'Union soviétique, à l'hiver 1941, mais Staline réussit sa stratégie de défense et d'attaque. Staline commanda aussi la bataille de Stalingrad, à l'hiver 1942, et la bataille de Koursk, à l'été 1943. Ces deux batailles furent un grand succès militaire. Après cela, l'Armée rouge commandée par Staline arriva en Allemagne en mai 1945, avec pour objectif d'éliminer une bonne fois pour toutes la menace nazie.

Pendant la Seconde Guerre mondiale, Staline assista à de grandes conférences auxquelles participaient d'autres dirigeants tels que Winston Churchill et Franklin Roosevelt.

APRÈS LA GUERRE

L'Union soviétique et Staline sortirent plus fort de la Seconde Guerre mondiale. Les pays d'Europe de l'Est, **bien qu'**indépendants, étaient dirigés par Staline, ce qui ajouta près de 100 millions de citoyens à l'Union soviétique.

Vers la fin de sa vie, Staline devint paranoïaque et se trouvait des ennemis partout. Il mena d'autres campagnes de « nettoyage » dans tous les pays de l'Union soviétique : quiconque menaçait Staline ou se rebellait contre lui était traduit en justice et exécuté. Les artistes et intellectuels qui étaient contre le communisme étaient maintenus à distance. Après la guerre, l'Union soviétique rompit ses liens avec la Grande-Bretagne et les États-Unis. De plus, en janvier 1953, Staline ordonna l'arrestation de nombreux médecins du Kremlin. Il les accusait d'avoir assassiné des dirigeants soviétiques en leur administrant de mauvais traitements médicaux. Mais ce n'était qu'un autre prétexte pour entamer un nouveau « nettoyage » de tous ceux qui étaient opposés à Staline.

Staline est mort officiellement d'une hémorragie cérébrale en mars 1953, mais certains historiens pensent qu'il fut assassiné.

Malgré ses méthodes sanglantes, Staline réussit à développer l'économie et l'armée de l'Union soviétique et à en faire la deuxième plus grande puissance du monde, après les États-Unis.

Le saviez-vous ?

En raison de ses tendances socialistes, l'Armée rouge recrutait à la fois des hommes et des femmes. Près d'un million de femmes soviétiques servirent pendant la guerre en tant que pilotes, soldats et tireurs d'élite. L'une des divisions soviétiques les plus redoutées par les Allemands était les « Night Witches », un groupe d'avions pilotés par des femmes.

Vocabulaire

succéder replace
(une) puissance power (a state)
l'acier steel
(un) culte a cult, worship
rédiger write
(un) chef a leader, head, manager
au sein de within
nettoyer, le nettoyage cleaning, cleansing
renforcer grow stronger
bien que even though, although

2.4. WINSTON CHURCHILL, UN LEADER IMPORTANT

- *Winston Churchill est né en 1874, et il est mort en 1965.*
- *Il fut Premier ministre de la Grande-Bretagne et ministre de la Guerre pendant la Seconde Guerre mondiale.*
- *Ses discours et ses compétences de leader contribuèrent à maintenir le moral des Britanniques.*

Sir Winston Leonard Spencer Churchill, mieux connu sous le nom de Winston Churchill, était le Premier ministre d'Angleterre pendant la Seconde Guerre mondiale. Il **consacra** une grande partie de sa vie à la politique, ainsi qu'à la rédaction d'essais et de romans.

La famille de Churchill avait de l'expérience en politique. Son père, Lord Randolph Churchill, était un politicien et le dirigeant du Conservatisme de type «One-nation», ou démocratie conservatrice. Cette idéologie défendait l'alliance entre les dirigeants politiques et la classe ouvrière, et la comparait à une relation entre parents et enfants.

Lord Randolph Churchill et son fils Winston étaient tous les deux descendants directs du 1er duc de Marlborough, un héros de la guerre contre la France de Louis XIV au début du XVIIIe siècle.

Le père de Churchill l'encouragea à entreprendre une carrière militaire. Winston échoua à deux reprises à l'examen d'admission au Collège militaire royal, mais réussit le troisième. En 1885, Lord Randolph Churchill est décédé, et Churchill rejoignit le quatrième régiment de hussards[2].

Churchill servit d'abord comme **soldat** et journaliste à Cuba, en Inde et en Afrique du Sud. Il se fit connaître en tant qu'**écrivain** grâce à ses reportages sur la guerre. Il fut emprisonné après sa campagne en Afrique du Sud, mais il réussit à s'évader et fut reconnu en tant que héros de guerre.

Après avoir reçu cet honneur, Churchill se présenta aux élections parlementaires de 1900, au cours desquelles il obtint un siège.

LES DÉBUTS DE SA VIE POLITIQUE

Churchill commença sa carrière en tant que conservateur, mais il passa au camp des libéraux en 1904, car il s'opposait à l'augmentation trop importante du budget de l'armée. Il s'opposait aussi à ce que les colonies anglaises aient à payer les impôts proposés par les conservateurs. Aux élections générales de 1906 à Manchester, Churchill **remporta** une grande victoire et débuta sa carrière comme sous-secrétaire d'État aux colonies. Ses contributions à résoudre les problèmes gouvernementaux d'Afrique du Sud lui firent gagner en prestige rapidement.

---

[2] une division de cavalerie de l'armée britannique.

En 1908, Churchill devint président du *Board of Trade*, obtenant ainsi un poste dans le cabinet présidentiel. Durant cette période, il défendit plusieurs réformes du travail pour les Britanniques.

Vers 1910, Churchill, qui réussissait en tant que politicien, obtient le poste de président du Conseil de l'Intérieur. Il était chargé du maintien de l'ordre public en Grande-Bretagne et de la réforme du système pénitentiaire.

En octobre 1911, il fut nommé amiral de l'armée britannique et créa une Administration de la guerre navale. Malgré leur expérience, les forces navales britanniques échouèrent durant la Première Guerre mondiale, ce qui conduisit Churchill à se démettre de ses autres charges en 1915.

À partir de ce moment-là, et jusqu'à la fin de la Première Guerre mondiale, Churchill occupa différents postes militaires. Il devint plus tard Secrétaire à la Guerre.

PREMIER MINISTRE EN ANGLETERRE PENDANT LA SECONDE GUERRE MONDIALE

Durant les 10 ans de l'entre-deux-guerres, Churchill avait **mis en garde** contre la menace d'Hitler en Europe, et surtout contre l'armée de l'air allemande (la Luftwaffe), qui risquait de dépasser la Royal Air Force britannique.

Les soupçons de Churchill s'avérèrent fondés **lorsque** Hitler commença à envahir les pays voisins de l'Allemagne tels que l'Autriche et la Tchécoslovaquie. Mais la Grande-Bretagne ne déclara la guerre à l'Allemagne que lorsque Hitler envahit la Pologne. Le jour même, Churchill reprit son ancien poste d'Amiral de l'armée britannique.

Le 11 mai 1940, alors que les Alliés étaient en train de perdre la guerre, Chamberlain **démissionna** et Winston Churchill devint Premier ministre. Étant également ministre de la Défense, sa mission principale était de gagner la guerre.

Tout au long de la Seconde Guerre mondiale, il fit de son mieux pour créer un front uni contre l'Allemagne, l'Italie et le Japon. En juin 1940, Churchill prit les commandes de la bataille d'Angleterre. Au cours de cette période, de 1940 à 1941, il prononça de nombreux discours à la radio pour **remonter le moral** du peuple britannique.

Les discours de Churchill sont restés gravés dans les mémoires. L'un des plus célèbres fut celui du 13 mai 1940, où il déclara à la Chambre des Communes :

« *Vous vous demandez : quel est notre but ? Je réponds par un seul mot : la victoire, la victoire à n'importe quel prix, la victoire en dépit de toutes les terreurs, la victoire quelque longue et difficile que soit la route pour y parvenir, car sans victoire, il n'y a pas de survie.* »

En 1941, Churchill organisa l'alliance entre la Grande-Bretagne, les États-Unis et l'Union soviétique pour faire face à l'Axe. Malgré sa popularité, Churchill perdit les élections générales anticipées de 1945 face au Parti travailliste, qui préconisait de meilleures réformes économiques et sociales.

Mais le peuple britannique célébra pendant longtemps les réalisations militaires de Churchill pendant la Seconde Guerre mondiale.

En 1951, Churchill remporta les élections et redevint Premier ministre de Grande-Bretagne. Mais étant très âgé et ses préoccupations n'étant plus à jour avec le nouvel ordre mondial, il fut très critiqué au cours de son mandat. En 1955, après un accident vasculaire cérébral qui le laissa partiellement paralysé, Churchill prit sa retraite à l'âge de 80 ans. Dix ans plus tard, en janvier 1965, il décéda à l'âge de 90 ans. De grandes cérémonies furent célébrées dans le monde entier pour lui rendre hommage.

Le saviez-vous ?

En 1953, Winston Churchill gagna le prix Nobel de Littérature pour ses romans, ses livres d'histoire et ses chroniques.

Vocabulaire

consacrer dedicate
(un) soldat soldier
(un) écrivain writer
remporter win
mettre en garde warn
lorsque when
remonter le moral lift up the spirits

2.5. HIDEKI TOJO ET LE DÉBUT DE LA GUERRE DANS LA PACIFIQUE

- *Hideki Tojo est né en 1884, et il est mort en 1948.*
- *Il fut Premier ministre du Japon entre 1941 et 1944.*
- *Il mena l'attaque sur Pearl Harbor.*

Hideki Tojo fut ministre de la Guerre au Japon de 1940 à 1941. Il fut ensuite **nommé** Premier ministre en octobre 1941.

Tojo était l'un des leaders de l'expansion impérialiste du Japon dans le Pacifique et l'Asie du Sud-Est. Il défendit et planifia l'invasion de la Chine et l'attaque de Pearl Harbor, ce qui fit de lui l'un des acteurs les plus importants sur le front du Pacifique pendant la Seconde Guerre mondiale.

Hideki Tojo est né en décembre 1884 à Tokyo, au Japon. Il était le fils du général Eikyo Tojo, héros de la guerre russo-japonaise. En 1908, il fut diplômé de l'Académie militaire impériale japonaise, et servit en tant que soldat à l'ambassade de Berlin après la Première Guerre mondiale. En 1928, il prit le commandement du premier régiment d'infanterie, et en 1937, il fut nommé Chef de l'armée du

Kwatung lors de l'invasion de la Mandchourie (dans le nord-est de la Chine).

Dans ces deux **postes**, il démontra ses talents d'administrateur et de commandant de terrain, ce qui le rendit populaire au sein de l'armée japonaise. La même année, il retourna au Japon et devint vice-ministre de la guerre.

TOJO PENDANT LA SECONDE GUERRE MONDIALE

Hideki Tojo soutenait le pacte signé par le Japon, l'Allemagne et l'Italie en 1940. En juillet 1940, il fut nommé ministre de la Guerre dans le gouvernement du Premier ministre Konoe Fumimaro. Un an plus tard, le 18 octobre 1941, Tojo remplaça Konoe au poste de Premier ministre du Japon. Au cours de son mandat, il fut également ministre du Commerce et de l'Industrie jusqu'en 1943.

Pendant la Seconde Guerre mondiale, Tojo fut un chef militaire particulièrement agressif. Il dirigea l'attaque aérienne contre la base militaire américaine de Pearl Harbor, attaque qui conduisit les États-Unis à entrer en guerre. Ses autres attaques en Asie du Sud-Ouest et dans le Pacifique réussirent également.

Ces nombreuses victoires furent de courte durée, car les Alliés repoussèrent rapidement le Japon dans le Pacifique. Pour **ralentir** l'avancée des Alliés, Tojo devint dictateur en février 1943, mais il ne réussit pourtant pas à empêcher la prise de Saipan par les troupes américaines en 1944. Il échoua aussi à protéger les villes du sud du Japon des raids aériens, et à arrêter l'avancée des Alliés dans le Pacifique. Tojo finit par démissionner le 16 juillet 1944. Après cela, il fut inscrit sur la liste de la réserve militaire japonaise, et il ne put prendre la direction d'aucune opération pendant le reste de la guerre.

Le 11 septembre 1945, Tojo fit une tentative de suicide après la capitulation du Japon, mais des médecins réussirent à le réanimer pendant l'occupation américaine du Japon. Quelque temps plus tard, il fut jugé à Tokyo puis emprisonné. Au cours de son **procès**, Hideki Tojo admit sa responsabilité dans le déclenchement de la guerre dans le Pacifique, mais nia avoir commis des crimes de guerre. Il fut malgré tout reconnu coupable de crimes de guerre et, condamné à mort, il fut pendu le 23 décembre 1948.

Le saviez-vous ?

Hiroo Onoda, un soldat des Renseignements japonais aux Philippines, ne se rendit qu'en 1974, 29 ans après la fin de la Seconde Guerre mondiale. Onoda et son groupe s'étaient isolés dans la jungle philippine et n'avaient jamais cru à la fin de la guerre, même lorsque d'autres militaires japonais communiquèrent avec eux par haut-parleurs pour leur demander de sortir de la jungle et de se rendre. Des années plus tard, Onoda était le seul à continuer de résister. Le Japon eut vent de cette histoire, et le commandant à la retraite d'Onoda prit un avion pour les Philippines pour le relever de son poste.

Vocabulaire

nommé appointed
(le) poste position, post
ralentir slow down
(un) procès trial

2.6. FRANKLIN ROOSEVELT ET L'ENTRÉE DES ÉTATS-UNIS EN GUERRE

- *Franklin Roosevelt est né en 1882 et il est mort en 1945.*
- *Il fut le 32e président des États-Unis.*
- *Il fit entrer les États-Unis en guerre après l'attaque de Pearl Harbor.*

Franklin Roosevelt fut le 32e président des États-Unis d'Amérique. Une partie de son mandat eut lieu pendant la Seconde Guerre mondiale. Il dut **également** faire face à la plus grande crise économique du XXe siècle : la Grande Dépression. C'est le seul président des États-Unis qui accumula quatre mandats présidentiels.

Roosevelt était enfant unique. Il vivait à New York, et en 1900, il intégra l'Université de Harvard. Il y développa une relation étroite avec son cousin Theodore Roosevelt, le 26e président des États-Unis. Les relations de Roosevelt avec son cousin le motivèrent à faire de la politique.

En 1910, Roosevelt commença sa carrière politique en tant que sénateur de l'État de New York. En 1912, il fut réélu au même poste, et en 1913, il devint adjoint au secrétaire de la Marine.

Sa carrière politique se poursuivit tout au long de la Première Guerre mondiale, et continua après la fin de celle-ci, même quand il contracta la poliomyélite en 1921. C'est pour cette raison qu'il devait marcher avec des **béquilles**, et était parfois en fauteuil roulant.

En 1928, Roosevelt se présenta comme gouverneur de l'État de New York et remporta l'élection grâce à 25 000 voix. En 1930, il fut de nouveau élu gouverneur. Au cours de ses deux mandats, il se concentra sur le développement de l'économie, l'assouplissement des régimes d'imposition, et l'assistance sociale.

Sa réussite en tant que gouverneur de New York mena Roosevelt à se porter candidat démocrate à l'élection présidentielle de 1932. Il la remporta avec 23 millions de voix, contre 16 millions pour son adversaire.

Au cours de son premier mandat, Roosevelt eut à faire face à la Grande Dépression. Avec l'aide de ses conseillers, il créa un programme de développement économique appelé le New Deal pour aider les citoyens pauvres et sans-emploi. Le programme de Roosevelt jeta les bases du capitalisme à l'américaine. En 1936, Roosevelt fut réélu président des États-Unis.

LA SECONDE GUERRE MONDIALE

Vers 1939, Roosevelt renforça les relations des États-Unis avec l'Europe. Selon lui, il était important que les États-Unis aient une relation forte avec l'Europe, surtout à une période où des gouvernements nationalistes comme ceux d'Hitler et de Mussolini arrivaient au pouvoir.

Au cours des années 1930, les États-Unis créèrent également des relations commerciales avec l'Union soviétique et la reconnurent officiellement comme état. Roosevelt lança par ailleurs la « politique de bon voisinage » qui permettait de surveiller de près la croissance du socialisme et du communisme en Amérique latine.

Durant la Première Guerre mondiale, les États-Unis avaient perdu beaucoup d'argent et de soldats. Ils ne voulaient donc pas envoyer d'autres troupes en Europe.

Mais quand éclata la Seconde Guerre mondiale, le président Roosevelt convoqua le Congrès à une session extraordinaire pour donner de l'argent et des **armes** à la France et à la Grande-Bretagne et les soutenir dans leur lutte contre l'Allemagne et l'Italie. Il mit en place un blocus commercial et freina les exportations de pétrole pour sanctionner le Japon.

En août 1941, il signa la Charte de l'Atlantique avec le Premier ministre anglais Winston Churchill. Cet accord renforça le soutien américain dans la lutte contre le nazisme.

Franklin Roosevelt décida d'entrer en guerre après l'attaque-surprise de Pearl Harbor le 7 décembre 1941. Cette attaque détruisit une partie de **la flotte** américaine dans le Pacifique. Environ 2 500 soldats et civils furent tués. Le lendemain, le 8 décembre, Roosevelt demanda au Congrès de déclarer la guerre au Japon. Vers le 11 décembre, l'Allemagne et l'Italie déclarèrent la guerre aux États-Unis.

APRÈS LA GUERRE

Pendant la Seconde Guerre mondiale, les États-Unis se remirent de la crise économique et l'industrie de l'armement et de l'aviation fut considérablement développée pour combattre l'ennemi.

Franklin Roosevelt devint par conséquent l'un des trois grands chefs des Alliés, aux côtés de Winston Churchill et de Staline.

Lors de la campagne présidentielle des États-Unis en 1944, le peuple réélut Franklin Roosevelt pour la quatrième fois. Il remporta la présidence malgré son état de santé délicat et ses problèmes de cœur.

En 1945, la santé de Roosevelt se détériora, et le 12 avril de la même année, il **décéda** d'une hémorragie cérébrale à Warm Springs, en Géorgie. Roosevelt est encore considéré aujourd'hui comme le sauveur de la nation pendant la Grande Dépression.

Le saviez-vous ?

Malgré sa poliomyélite, Roosevelt donnait toujours ses discours debout.

Vocabulaire

(des) béquilles crutches
également also
(des) armes weapons
(la) flotte the naval fleet
décéder die
debout standing

3. LES ÉVÉNEMENTS MAJEURS

- *La Seconde Guerre mondiale commença en 1939 et se termina en 1945.*
- *On peut distinguer deux phases :*
- *Le début de la guerre, quand les puissances de l'Axe contrôlaient l'Europe.*
- *Après Pearl Harbor, quand les États-Unis entrèrent en guerre pour soutenir les Alliés.*

Des «LVT», une classe de véhicules de débarquement, approchant d'Iwo Jima pendant la Seconde Guerre mondiale (photo sur goodfreephotos.com)

La Seconde Guerre mondiale fut la plus grande lutte armée de toute l'histoire de l'humanité. Dans ce chapitre, nous examinerons **les événements** majeurs de la Seconde Guerre mondiale et leur influence dans le développement du conflit.

Vous trouverez ci-dessous une chronologie **des événements** les plus importants de la Seconde Guerre mondiale. Cette chronologie permet de mieux comprendre le développement de cette lutte armée.

CHRONOLOGIE DES ÉVÉNEMENTS LES PLUS IMPORTANTS DE LA SECONDE GUERRE MONDIALE

1939

- **1er septembre :** l'Allemagne commence l'invasion de la Pologne. Les troupes allemandes battent l'armée polonaise en 27 jours.

- **3 septembre :** la Grande-Bretagne et la France déclarent la guerre à l'Allemagne.

- **15 septembre :** Les États-Unis annoncent publiquement ne pas participer à la guerre.

- **17 septembre :** les troupes soviétiques pénètrent dans l'est de la Pologne. L'Union soviétique et l'Allemagne **se partagent** son territoire.

- **30 septembre :** L'armée soviétique entre en Finlande et y installe des bases militaires.

1940

- **9 avril :** Les troupes allemandes envahissent le Danemark et la Norvège.

- **10 mai :** Début des attaques contre la Belgique, la Hollande et le Luxembourg.

- **10 mai :** Winston Churchill devient Premier ministre de Grande-Bretagne.

- **14 mai :** L'armée allemande remporte une victoire contre le front français.

- **5 juin :** L'armée allemande remporte une nouvelle victoire contre la partie sud du front français.

- **10 juin :** L'Italie rejoint l'Allemagne dans leur combat contre la Grande-Bretagne et la France.

- **14 juin :** Les troupes allemandes entrent dans Paris, la capitale de la France.

- **16 juin :** Pétain devient le chef de l'État français.

- **22 juin :** La France signe l'armistice avec l'Allemagne. Deux jours plus tard, elle en signe un autre avec l'Italie.

- **12 juillet :** Hitler ordonne des frappes aériennes contre la Grande-Bretagne.

- **27 septembre :** L'Allemagne, l'Italie et le Japon signent le Pacte tripartite pour former l'alliance de l'Axe.

1941

- **10 février :** Début des attaques italiennes en Afrique du Nord.

- **14 mars :** Les États-Unis commencent à aider financièrement la Grande-Bretagne pour continuer leur lutte contre les Allemands.

- **6 avril :** Les troupes allemandes envahissent la Yougoslavie et la Grèce.

- **10 mai :** Fin des bombardements allemands sur le territoire britannique. Au cours des huit mois qu'avaient duré les raids aériens, les Allemands ont détruit plus d'un million de maisons et tué 40 000 civils.

- **22 juin :** Début de l'opération Barbarossa, au cours de laquelle plus de 4 millions de soldats allemands traversent la frontière de l'Union soviétique. L'Allemagne rompt son accord de non-agression avec l'Union soviétique.

- **14 août :** Franklin Roosevelt et Winston Churchill se rencontrent et signent la Charte de l'Atlantique.

- **17 novembre :** Les troupes allemandes sont à une centaine de kilomètres de Moscou, la capitale de l'Union soviétique.

- **7 décembre :** Les Japonais attaquent la base navale américaine de Pearl Harbor. Après cette attaque, les États-Unis entrent en guerre.

- **8 décembre :** La Grande-Bretagne et les États-Unis déclarent la guerre au Japon.

1942

- **9 janvier :** Le Japon attaque les Philippines.

- **15 février :** Après sept jours de combat, Singapour se rend au Japon. Les Japonais font 80 000 soldats prisonniers.

- **27 février :** Bataille de la mer de Java, au cours de laquelle les États-Unis essaient d'arrêter la progression japonaise dans le Pacifique.

- **9 avril :** Les Philippines se rendent au Japon.

- **4 juin :** Les troupes américaines remportent la bataille de Midway et arrêtent l'avancée japonaise dans le Pacifique.

- **7 août :** Arrivée des troupes américaines à Guadalcanal.

- **25 août :** Les troupes russes mènent une contre-attaque à Stalingrad contre les troupes allemandes.

- **13 septembre :** Les Japonais essaient d'attaquer les troupes américaines pour s'emparer de Guadalcanal, mais ils échouent et perdent beaucoup de soldats.

- **23 octobre** : Les forces britanniques attaquent l'armée allemande à El Alamein, en Égypte.

- **4 novembre** : Après la défaite d'El Alamein, les troupes allemandes se retirent d'Afrique du Nord.

1943

- **14 janvier** : Churchill et Roosevelt se rencontrent à la Conférence de Casablanca, où ils décident d'intensifier les bombardements américains sur l'Allemagne.

- **9 février** : Après six mois de combats aériens, maritimes et terrestres, les États-Unis remportent la bataille de Guadalcanal et expulsent les troupes japonaises.

- **15 mars** : Les troupes soviétiques récupèrent définitivement Cracovie (en Pologne).

- **10 juillet** : Les Alliés envahissent la Sicile, en Italie.

- **16 juillet** : Les troupes allemandes perdent face aux Soviétiques et se retirent de Koursk, en Russie.

- **25 juillet** : Mussolini est arrêté après sa destitution par le Grand Conseil fasciste.

- **3 août** : L'Italie signe un armistice avec les Alliés, bien que certaines troupes italiennes et nazies refusent encore de capituler.

- **28 novembre** : Début de la Conférence de Téhéran, où Staline, Churchill et Roosevelt se rencontrent pour la première fois.

1944

- **15 mars :** Les Alliés larguent 1 250 tonnes de bombes sur Cassino, en Italie.

- **8 avril :** Les Soviétiques lancent leur dernière attaque contre les troupes allemandes en Crimée.

- **9 mai :** Les Allemands quittent la Crimée.

- **17 mai :** Les Allemands commencent à se retirer de Cassino, en Italie.

- **25 mai :** Les troupes américaines commencent à avancer vers Rome, la capitale de l'Italie.

- **3 juin :** Les Allemands commencent à se retirer de Rome avant l'arrivée imminente des troupes américaines.

- **6 juin :** Le jour J. Les troupes alliées débarquent en Normandie.

- **13 juin :** Les premières bombes V1 allemandes sont larguées sur le sol britannique.

- **10 août :** La résistance japonaise de Guam capitule.

- **25 août :** Les Alliés libèrent Paris.

- **2 septembre :** Les troupes russes arrivent en Bulgarie. Ils se rapprochent de l'Allemagne.

- **8 septembre :** Les premières bombes V2 allemandes sont larguées sur le sol britannique.

- **16 septembre :** Hitler ne réussit pas à arrêter l'avancée des Alliés à la bataille des Ardennes.

1945

- **16 février :** Début de la bataille d'Iwo Jima.

- **23 février :** Les États-Unis remportent la bataille d'Iwo Jima. Vingt mille soldats japonais sont vaincus et un millier d'entre eux sont arrêtés.

- **1er avril :** Les troupes américaines prennent Okinawa, la dernière île occupée par les Japonais.

- **12 avril :** Après 12 ans à la présidence des États-Unis, Franklin Roosevelt meurt d'un accident vasculaire cérébral.

- **13 avril :** Les troupes russes prennent Vienne.

- **22 avril :** Hitler décide de rester à Berlin.

- **30 avril : Encerclé** par les troupes soviétiques, Hitler se suicide.

- **2 mai :** Berlin se rend aux troupes soviétiques.

- **8 mai :** La victoire est proclamée en Europe. C'est le *V-E Day* « Jour de la Victoire en Europe ».

- **6 août :** Les États-Unis larguent la première bombe atomique sur Hiroshima, au Japon, tuant instantanément plus de 100 000 personnes.

- **9 août :** Les États-Unis larguent une deuxième bombe atomique sur le port militaire de Nagasaki. Plus de 100 000 personnes sont mortes.

- **2 septembre :** Le Japon se rend et la victoire est déclarée au Japon. C'est le Jour de la Victoire dans le Pacifique, ou *V-J Day*.

Vocabulaire

(un) évènement event
se partager share
encerclé surrounded

3.1. L'ÉVACUATION DE DUNKERQUE

- *L'évacuation de Dunkerque fut décisive pour l'avancée allemande en Europe occidentale.*
- *Cet événement eut lieu entre le 26 mai et le 4 juin 1940.*
- *Les Allemands encerclèrent les soldats alliés sur la plage de Dunkerque.*
- *Alors que la bataille était déjà perdue, l'Allemagne déclara un cessez-le-feu pour permettre aux Britanniques de secourir leurs soldats.*
- *Plus de 338 000 soldats furent sauvés.*

Après avoir envahi de nouveaux territoires, l'Allemagne prit le contrôle des pays occidentaux européens. L'évacuation de Dunkerque est un événement qui marqua un tournant dans l'avancée allemande à travers l'Europe occidentale. Entre le 26 mai et le 4 juin 1940, les soldats alliés affrontèrent les Allemands sur la plage de Dunkerque, en France, avant de se replier.

AVANT L'INVASION

L'Allemagne envahit la Pologne en 1939, déclenchant une guerre avec l'Europe. En 1940, l'Allemagne envahit sans trop de résistance la Norvège et le Danemark.

Suite aux accords du traité de Versailles, la France commença à envoyer ses troupes dans les pays du nord de l'Europe pour freiner l'avancée allemande. Mais à cause de leur localisation géographique, la Norvège et le Danemark étaient difficiles d'accès pour les Alliés, et l'Allemagne en prit le contrôle facilement.

Après le nord, Hitler commença à se diriger vers l'ouest de l'Europe et se mit à envahir les Pays-Bas (la Hollande). Les Français, les Anglais, les Belges et les Hollandais se préparèrent à affronter l'attaque allemande et rassemblèrent près d'un million de soldats.

Mais les Alliés ne purent tout de même pas résister aux Allemands. L'armée de l'air allemande (la Luftwaffe) comptait plus de 5 500 avions et plus de 3 millions de fantassins. Ils attaquèrent sur trois fronts différents, et la Hollande tomba sous le contrôle des Allemands en moins d'une semaine.

La chute de la Hollande impacta le front en Belgique, car les Français s'y réunirent pour défendre leur territoire. Les Allemands poursuivirent leur avancée grâce à leurs brigades d'infanterie bien équipées, leurs chars de combat et d'autres machines que les deux camps rivaux utilisèrent pendant la Seconde Guerre mondiale. Malgré la résistance des Alliés, les Allemands s'emparèrent rapidement de la Belgique.

LA BATAILLE DE DUNKERQUE ET LE RETRAIT DES ALLIÉS

Alors que les Belges, les Anglais et les Français se battaient pour le contrôle de la frontière franco-belge, l'Allemagne les attaquait sur trois fronts différents.

L'un des fronts allemands attaqua les Alliés par-derrière, dans une opération qui devint l'une des stratégies les plus célèbres de la guerre. Des centaines de militaires furent acculés à Dunkerque, une plage à moins de 10 kilomètres de la Belgique. Une partie des soldats allemands remontaient la côte nord de la France pendant qu'un autre groupe avançait depuis la Belgique, **piégeant** ainsi des centaines de milliers de soldats ennemis. Encerclé, le roi Léopold de Belgique se rendit, et les Allemands permirent aux soldats belges de quitter la plage.

La bataille était pratiquement perdue : les forces britanniques et françaises étaient faibles. Ils essayaient de se replier, mais beaucoup d'entre eux furent contraints de rester sur la plage car les bateaux allemands multipliaient leurs attaques. Hitler prit alors une des décisions les plus controversées de la guerre : Suivant les conseils de deux généraux allemands, il déclara **un cessez-le-feu**. Les troupes encerclant Dunkerque cessèrent leur attaque pendant trois jours, ce qui donna l'opportunité aux Britanniques d'aider leurs soldats à **se retirer**.

Cette opération de sauvetage est connue sous le nom d'« Opération Dynamo ». La marine britannique était responsable de cette opération, qui commença le 27 mai et se termina le 7 juin. Plus de 338 000 soldats alliés furent secourus. La moitié d'entre eux étaient britanniques et les autres étaient polonais, français et belges.

Beaucoup de pêcheurs et marins britanniques offrirent leurs bateaux et voiliers pour aider les soldats à s'échapper. Ils traversèrent la Manche en direction de la France pour porter secours aux soldats britanniques. Ces derniers quittèrent Dunkerque le 3 juin, mais Churchill insista pour ramener autant de soldats français que possible. Il annonça :

« Nous nous battrons en France. Nous nous battrons sur les mers et les océans. Nous nous battrons avec une confiance croissante et une force croissante dans les airs. Nous défendrons notre île, quel qu'en soit le prix. Nous nous battrons sur les plages. Nous nous battrons sur les terrains de débarquement. Nous nous battrons dans les champs, et dans les rues, nous nous battrons dans les montagnes. Nous ne nous rendrons jamais ! »

Plus de 25 000 soldats français furent rescapés le dernier jour du cessez-le-feu, mais il en resta 30 000 autres qui se rendirent aux Allemands.

CONSÉQUENCES DE L'ÉVACUATION DE DUNKERQUE

Les raisons du cessez-le-feu allemand ne sont pas claires, mais de nombreux historiens pensent que ce fut une tactique d'Hitler pour pousser le Royaume-Uni à se rendre.

L'évacuation de Dunkerque fut le début d'une invasion rapide de la France. Moins d'une semaine plus tard, les Allemands défilaient dans les rues de Paris. Les troupes françaises avaient perdu plus de 40 000 soldats dans cet affrontement.

De plus, lors de la bataille, les troupes anglaises furent contraintes d'abandonner de nombreux équipements, armes et munitions. Des historiens estiment que ce matériel aurait pu servir à armer de 8 à 10 divisions anglaises. Après l'évacuation, les Alliés, manquant de matériel militaire, durent se résoudre à réutiliser de vieilles machines.

> *Le saviez-vous ?*
>
> *La ville allemande de Constance réussit à éviter les bombardements britanniques pendant le conflit. Étant située sur la frontière suisse, la ville garda ses lumières allumées la nuit, alors que les Allemands les éteignaient pour éviter les bombardements. Les avions britanniques croyaient donc que Constance se trouvait en Suisse, et la ville fut épargnée.*

Vocabulaire

(un) cessez-le-feu a ceasefire
piéger trap
se retirer withdraw
éteindre switch off

3.2. L'OCCUPATION DE LA FRANCE

- *L'invasion de la France fut l'un des événements les plus importants de la Seconde Guerre mondiale.*
- *La bataille de Dunkerque marqua le début de l'occupation de la France.*
- *Hitler arriva à Paris le 14 juin 1940.*
- *La chute de la France fut l'un des facteurs qui incitèrent les États-Unis à entrer en guerre (même si de nombreux historiens ne sont pas de cet avis).*

Après l'invasion de la Pologne, l'invasion de la France fut l'événement le plus important du début de la Seconde Guerre mondiale. En seulement 6 semaines, la France passa du statut de pays Allié à celui de territoire occupé allemand. Ce que les historiens appellent «**la chute** de la France» comprend également l'occupation des Pays-Bas (la Hollande actuelle) par les forces allemandes.

Comme nous l'avons déjà mentionné, l'occupation de l'Europe de l'Ouest par les Allemands fut très rapide, et se termina par l'évacuation de Dunkerque et l'invasion de la France.

APRÈS DUNKERQUE

Suite à l'évacuation de Dunkerque, les Alliés perdirent la guerre. En seulement trois semaines, les Allemands avaient fait plus d'un million de prisonniers de guerre !

Le déclenchement de la Seconde Guerre mondiale prit la France par surprise. Elle n'avait pas encore développé son armée de l'air et ses stratégies militaires étaient anciennes, tandis que les Allemands étaient prêts et utilisaient de nouvelles stratégies militaires.

Lorsque les troupes françaises perdirent la bataille à Dunkerque, les Allemands purent avancer sans difficulté sur Paris.

L'Italie déclara la guerre à la France le 10 juin, et Hitler était à la tour Eiffel dès le 14 juin.

Après l'entrée d'Hitler dans la capitale française, les Allemands contrôlaient le pays et les troupes françaises s'échappèrent en Angleterre fin juin : C'est ce qu'on appelle « l'opération Ariel ».

Les Allemands signèrent un armistice avec le maréchal Philippe Pétain, un représentant du gouvernement français. Cet armistice précisait que l'Allemagne contrôlait les deux tiers du pays et limitait les fonctions de l'armée française. À partir de ce moment, le gouvernement de « Vichy » et son représentant Pétain commencèrent à diriger la France.

CONSÉQUENCES DE LA CHUTE DE LA FRANCE

Quand Hitler parvint à contrôler la France, la guerre semblait perdue pour les Alliés, car seule l'Angleterre restait inoccupée. Mais la France étant très proche de l'île, l'Allemagne était en mesure de **faire pression** sur l'état britannique pour obtenir un accord avantageux pour les Allemands.

Cette menace était bien réelle. Onze jours après la chute de la France, Churchill ordonna donc à la marine britannique de détruire une escadre navale française au large des côtes nord-africaines, pour éviter que les Allemands ne prennent possession des navires.

À cause de cette attaque, et de bien d'autres, le gouvernement collaborationniste français ordonna des attaques contre des navires britanniques et contre Gilbratar. La France était sur le point de déclarer la guerre à l'Angleterre,

La chute de la France fut donc un événement majeur de la Seconde Guerre mondiale. Bientôt, les deux grandes puissances que l'Allemagne n'avait pas encore touchées allaient intervenir : l'Union soviétique et les États-Unis.

Le saviez-vous ?

Pendant la guerre, les pilotes risquaient de perdre la vie à cause de leurs gaz intestinaux ! Comme les avions prenaient de l'altitude très rapidement, les pilotes accumulaient dans leurs estomacs 300 % en plus de gaz produits par la digestion.

Vocabulaire

(la) chute fall
faire pression to pressure
des gaz intestinaux intestinal gas

3.3. LE DÉROULEMENT DE LA BATAILLE D'ANGLETTERE

- *La bataille d'Angleterre se déroula entre juillet et septembre 1940.*
- *Le code allemand de la bataille était « Operation Sea Wolf ».*
- *Les combats étaient principalement aériens, et de nombreuses bombes furent larguées sur le sol britannique.*
- *Quarante mille civils britanniques perdirent la vie dans les bombardements.*

Vue de Londres après les attaques, photo de 1940 sur goodfreephotos.com

La bataille aérienne d'Angleterre se déroula entre juillet et septembre 1940. Elle devint célèbre car la Grande-Bretagne se défendit efficacement contre les attaques aériennes de l'armée de l'air allemande, la Luftwaffe.

LE DÉBUT DE LA BATAILLE D'ANGLETERRE

Lorsque les Allemands envahirent la France, la Grande-Bretagne restait la seule à combattre sur le continent européen. Les Allemands n'avaient initialement pas prévu d'envahir la Grande-Bretagne. Les Britanniques étaient en train de perdre la guerre, mais Winston Churchill refusa tout accord avec les nazis. Par conséquent, le 16 juillet 1940, Hitler ordonna à l'armée de l'air de se préparer à l'opération Sea Wolf. L'objectif de cette opération, qui devait commencer en août, était d'envahir la Grande-Bretagne.

Mais l'armée allemande mit trop de temps à se préparer. Les troupes d'Hitler n'avaient pas beaucoup d'expérience dans la marine, contrairement à la puissante Royal Navy britannique.

L'Allemagne décida donc d'attaquer la Grande-Bretagne par voie aérienne. Les premiers bombardements avaient pour but de détruire les navires et les avions anglais pour faciliter l'invasion de l'infanterie allemande.

LES ATTAQUES

Le premier raid aérien sur l'Angleterre eut lieu le 13 août. Des bases aériennes et navales furent les premières à être bombardées, avec pour objectif d'affaiblir les forces militaires britanniques. Les Allemands attaquèrent également des **usines** d'avions et de radars pour que les Britanniques ne puissent pas détecter les avions ennemis.

Mais l'Allemagne changea de tactique, se détourna des bases militaires et se mit à bombarder des villes britanniques, pour **démoraliser** les Britanniques.

À cause de la bataille d'Angleterre, la Seconde Guerre mondiale fut appelée « guerre des machines ». Pour la première fois dans l'histoire, l'industrie jouait un rôle important dans la guerre, car les deux camps utilisaient cinq inventions majeures : des porte-avions, des bombardiers, des radars, des **mitrailleuses** et des chars blindés. Les avions de guerre jouèrent un rôle majeur, car ils pouvaient **décimer** des armées entières et détruire des chars blindés ou même des sous-marins. Dans la bataille d'Angleterre, les deux camps bombardèrent des villes, tuant ainsi des milliers de civils.

Au départ, l'aviation allemande n'avait pas de plan d'attaque fixe. Début septembre, les Allemands bombardèrent pour la première fois une zone civile de Londres. Certains historiens pensent que ce fut une erreur, car les Allemands avaient pour intention initiale d'attaquer des bases militaires. Suite à l'attaque de Londres, les Britanniques **ripostèrent** en bombardant Berlin, la capitale de l'Allemagne.

L'attaque de Berlin mit en colère Hitler, qui ordonna que les attaques soient **dorénavant** dirigées contre Londres et d'autres villes britanniques. À partir du 7 septembre, Londres fut bombardée 57 nuits consécutives. Les villes de Glasgow, Clydeside, Plymouth, Belfast et Liverpool furent également attaquées.

Fin septembre 1940, la Luftwaffe avait perdu plus de 600 avions, tandis que la Royal Air Force n'en avait perdu que 260. À la mi-septembre, l'Allemagne arrêta ses raids aériens car les Britanniques détruisaient plus d'avions qu'ils ne pouvaient en construire. La Luftwaffe se mit donc à bombarder la nuit, pour que ses avions soient plus difficiles à détecter.

Les Britanniques se défendaient grâce à leurs avions militaires et à leurs messages radio envoyés pour avertir les villes de l'arrivée des avions allemands. Les civils avaient donc le temps de se réfugier dans les stations de métro et dans les sous-sols, et les forces aériennes britanniques pouvaient se préparaient à riposter.

La Royal Air Force utilisait des radars pour localiser exactement les avions allemands. Ils utilisaient aussi les informations déchiffrées par Enigma, une machine qui inspira la création des ordinateurs modernes. La Royal Air Force pouvait ainsi savoir où les Allemands allaient attaquer.

La contre-attaque britannique fut si efficace que Hitler décida de reporter l'opération Sea Wolf à l'hiver 1940. Il n'avait pas réellement l'intention de la lancer, car il préférait que ses troupes se concentrent sur l'occupation dans le reste de l'Europe. La moitié des attaques de l'opération Sea Wolf ciblaient Londres. Environ 40 000 civils anglais furent tués, 46 000 furent blessés et plus d'un million de maisons furent détruites. Les Allemands perdirent environ 2 500 pilotes et 2 400 avions.

Le saviez-vous ?

Au début des bombardements de Londres, les responsables du zoo tuèrent tous leurs animaux venimeux, pour éviter qu'ils ne s'échappent en cas de bombardement du zoo.

Vocabulaire

(le) déroulement development, progress
(une) usine factory
démoraliser demoralize
(des) mitrailleuses gunners
décimer decimate
riposter retaliate, fight back
dorénavant from now on

3.4. L'OPÉRATION BARBAROSSA

- *Hitler planifia l'opération Barbarossa.*
- *Les Allemands voulaient envahir l'Union soviétique.*
- *L'Allemagne rompit son traité de non-agression avec la Russie en juin 1941.*
- *L'hiver russe affaiblit les troupes allemandes.*
- *Les Soviétiques réussirent à vaincre les troupes allemandes au printemps 1942*

L'opération Barbarossa était une opération lancée par Hitler pour envahir le territoire occidental de l'Union soviétique (la Russie actuelle). L'invasion débuta le 22 juin 1941.

POURQUOI L'ALLEMAGNE ENVAHIT-ELLE LA RUSSIE ?

Malgré l'accord de non-agression entre l'Allemagne et l'Union soviétique, Hitler décida d'attaquer l'Union soviétique en juin 1941. Cette attaque eut lieu pour plusieurs raisons :

1. L'Allemagne craignait que les **troupes** soviétiques ne l'attaque pendant que les Allemands étaient occupés en Europe occidentale.

2. Hitler considérait que le communisme et le socialisme soviétiques constituaient un danger pour l'Europe.

3. L'Allemagne nazie voulait **tirer profit** des ressources du territoire soviétique, son pétrole, ses minerais, son blé et sa main-d'œuvre bon marché.

Mais la décision d'attaquer l'Union soviétique était très risquée, car l'Allemagne serait en train de **se battre** sur deux **fronts** : à l'ouest contre la Grande-Bretagne et à l'est contre l'Union soviétique.

Le plan initial d'Hitler était d'attaquer le territoire soviétique en mai 1941, mais l'opération fut retardée de 5 semaines, car l'Allemagne était en train d'envahir la Yougoslavie et la Grèce. Il ne restait donc aux troupes allemandes que les quelques mois avant l'hiver pour envahir l'Union soviétique.

LE PLAN DE L'OPÉRATION BARBAROSSA

Pour envahir l'Union soviétique, Hitler envoya 4 millions de soldats répartis en 150 divisions, 3 000 chars, 7 000 pièces d'artillerie et 3 000 avions. Il s'agissait du plus grand déploiement militaire de l'histoire de l'humanité pour une invasion.

Ces troupes et ces machines de guerre devaient parcourir une grande distance en peu de temps. Les Soviétiques avaient environ deux fois plus de chars et d'avions, mais pour la plupart des modèles anciens.

Il y avait deux plans pour envahir l'Union soviétique : celui du général Marcks et celui d'Hitler. Marcks voulait attaquer sur deux fronts : la moitié des soldats attaqueraient Moscou directement, et le reste piégerait les troupes soviétiques par-derrière. Mais Hitler voulait attaquer sur trois fronts : au nord (Leningrad), au centre (Moscou) et au sud (vers l'Ukraine). Hitler choisit de suivre son propre plan, même si l'opération allait être plus lente.

Les Allemands commencèrent par s'emparer de plusieurs villes importantes : Riga, Smolensk et Kiev. Ces villes tombèrent parce que ni Staline ni l'Armée rouge ne soupçonnaient la trahison allemande. Avant la Seconde Guerre mondiale, l'Allemagne et la Russie avaient signé un pacte de non-agression et Staline comptait dessus.

L'INVASION

Les troupes soviétiques **se battirent** avec acharnement contre les Allemands. Alors que l'Allemagne avançait sur le territoire soviétique, l'Armée rouge brûlait des fermes, détruisait des ponts et des usines et démantelait même des voies ferrées pour que les Allemands ne puissent pas les utiliser.

Les Allemands avançaient rapidement, et les Soviétiques se concentraient sur la protection de leurs grandes villes : Leningrad, Stalingrad et Moscou. Par ailleurs, l'hiver russe commençait en octobre, et les troupes allemandes étaient déjà fatiguées après plusieurs mois de combat.

Les pluies d'octobre trempèrent les chemins de terre, et les lourds chars allemands se retrouvèrent coincés et ne pouvaient plus avancer. Les températures tombèrent à -38 °C en novembre et en décembre. Heureusement pour la Russie, l'hiver 1941 fut l'un des plus froids que le pays avait connus.

Les troupes allemandes n'étaient pas préparées à des températures aussi basses, et les soldats n'avaient pas de vêtements adéquats. Les troupes censées venir les soutenir et leur fournir de la nourriture, des manteaux et des munitions tardèrent à arriver. Épuisés, les Allemands avançaient plus lentement.

APRÈS L'HIVER : LA FIN DE L'OPÉRATION

Au printemps 1942, les Allemands n'avaient pas plus avancé sur le territoire russe. L'opération Barbarossa prit fin lorsque l'Armée rouge commença à rassembler les troupes de réserve déployées par Staline. Les troupes soviétiques se mirent à récupérer le territoire et les villes prises par les nazis. L'armée soviétique marchait peu à peu vers l'Allemagne.

Beaucoup sont morts **lors de** l'opération Barbarossa : plus de 21 millions de Russes et sept millions d'Allemands.

Le saviez-vous ?

Le froid de l'hiver russe fut un facteur majeur dans la défaite des Allemands sur le front de l'Est : Les moteurs des chars et des jeeps gelaient, et les soldats qui souffraient déjà du froid se voyaient contraints de pousser leurs véhicules dans la neige.

Vocabulaire

tirer profit de make the most out of, take advantage of
(un) front battle front
se battre fight
(des) troupes troops
lors de during

3.5. PEARL HARBOR

- *Pearl Harbor était une base américaine dans le Pacifique.*
- *Le Japon lança une attaque préventive contre Pearl Harbor pour affaiblir les forces américaines dans le Pacifique.*
- *Les bombes aériennes détruisirent une partie de l'armement maritime américain.*
- *Après l'attaque, les États-Unis décidèrent d'envoyer des troupes pour combattre les forces de l'Axe.*

L'USS Arizona coulé lors de l'attaque de Pearl Harbor durant la Seconde Guerre mondiale
(Photo sur goodfreephotos.com)

L'attaque de Pearl Harbor, qui fit entrer les États-Unis en guerre, est l'un des épisodes les plus célèbres de la Seconde Guerre mondiale. Après cet événement, les États-Unis commencèrent à envoyer des troupes en Europe et dans le Pacifique pour faire face à la menace japonaise, allemande, et italienne.

Pearl Harbor était une base navale américaine située sur l'île d'Oahu, à Hawaï. Elle fut attaquée le 7 décembre 1941 par des avions et des sous-marins japonais.

LES RAISONS DE L'ATTAQUE

Le Japon attaqua Pearl Harbor pour plusieurs raisons :

1. Principalement, les problèmes économiques du Japon étaient dus en partie aux sanctions imposées par les États-Unis.

2. Une de ces sanctions était l'arrêt de l'export du pétrole de plusieurs pays, dont les États-Unis, vers le Japon. En 1940, le Japon n'avait que l'équivalent de moins de deux ans de stocks en pétrole. Sans cette précieuse ressource, le Japon ne pourrait poursuivre ni la guerre contre la Chine ni la conquête d'autres territoires. C'est pour cela que les commandants japonais Tojo et Yamamoto décidèrent d'entrer en guerre avant l'épuisement de leurs stocks de pétrole.

Le Japon **prévoyait** d'envahir les colonies britanniques et néerlandaises en Malaisie, en Birmanie, en Australie et aux

Philippines. Pour y parvenir, ils devaient d'abord désarmer les États-Unis, qui auraient pu défendre ces colonies depuis leur base navale de Pearl Harbor.

Après l'échec des négociations entre les États-Unis et le Japon, le Premier ministre japonais Hideki Tojo ordonna l'attaque de Pearl Harbor. L'amiral Yamamoto planifia et organisa l'attaque. Pris par surprise par l'arrivée des avions japonais, les Américains n'étaient pas prêts à se défendre.

L'ATTAQUE DE PEARL HARBOR

A 7 h 55, les premiers avions japonais **survolèrent** Pearl Harbor. Ils furent les premiers des 350 avions à attaquer la base navale. Cette première série d'attaques fut la plus destructrice.

La deuxième série d'attaques commença à 8 h 50 du matin. L'attaque **eut lieu** un dimanche matin, jour de repos pour beaucoup de soldats américains. Il n'y avait donc pas assez de troupes à la base de Pearl Harbor pour répondre à l'offensive japonaise.

Pearl Harbor fut un énorme succès pour les Japonais. En deux heures, ils détruisirent 350 avions et endommagèrent cinq navires de guerre. Environ 2 300 soldats et **civils** furent tués, et 1 100 furent blessés. Les Japonais ne **perdirent** que 60 avions, cinq sous-marins et moins de 100 soldats.

LES CONSÉQUENCES

Malgré l'efficacité de leur attaque, les Japonais ne détruisirent aucun élément majeur de la base militaire. Les réserves de carburant ainsi que plusieurs navires de guerre restaient intacts.

Les conséquences de l'attaque furent de courte durée, car les Américains retrouvèrent leur puissance militaire dans le Pacifique en seulement quelques mois. Mais l'attaque-surprise de Pearl Harbor fut tout de même **un tournant** dans la Seconde Guerre mondiale, car le conflit avait dorénavant atteint l'Asie et le Pacifique, et les États-Unis entraient en guerre.

Le saviez-vous ?

Les hamburgers étaient déjà populaires en Amérique avant la guerre. Mais lorsque le conflit commença, les Américains arrêtèrent d'en consommer en raison de leur association avec l'Allemagne. Ils se mirent à les appeler « Liberty Steak », ou « steaks de la liberté ».

Vocabulaire

prévoir plan
survoler fly over
avoir lieu take place
(des civils) civilians
perdre loose
(un) tournant turning point

3.6. LA BATAILLE DE MIDWAY

- *Les îles Midway sont un petit territoire américain situé dans le Pacifique. Il était utilisé comme port militaire depuis le début du XXe siècle.*
- *La bataille navale et aérienne qui eut lieu entre les États-Unis et le Japon allait déterminer qui dominerait le Pacifique.*
- *Les États-Unis en sortirent vainqueurs et détruisirent la plupart des forces navales et aériennes japonaises.*

Mikuma peu avant de couler pendant la bataille de Midway, pendant la Seconde Guerre mondiale (photo de goodfreephotos.com)

La bataille de Midway fut une bataille décisive dans le développement de la guerre dans le Pacifique. Au cours de cet affrontement, les États-Unis réussirent à affaiblir les forces japonaises.

AVANT LA BATAILLE

Dans les six mois qui suivirent Pearl Harbor, les Japonais avaient envahi presque toutes les colonies britanniques, hollandaises et américaines dans le Pacifique asiatique. Le Japon **avait** ainsi **étendu** sa domination d'Hawaï à Ceylan.

Mais un nouvel affrontement entre Japonais et Américains était inévitable. Les commandants japonais organisèrent donc une attaque contre la base navale la plus puissante des États-Unis, la base des îles Midway.

LES ÎLES MIDWAY

Le capitaine américain Brook revendiqua les îles Midway le 5 juillet 1859. Ce territoire se composait des deux petites îles d'East Island et Sand Island, et sa superficie totale est de 6,2 kilomètres carrés.

En 1867, les îles Midway **faisaient** officiellement **partie du** territoire des États-Unis d'Amérique. Ce territoire resta inutilisé pendant de nombreuses années, mais en 1903, le président Theodore Roosevelt le plaça sous l'administration de la marine. Midway devint un point de connexion pour le câble sous-marin qui allait d'Hawaï aux Philippines. En 1935, les petites îles devinrent une escale obligatoire pour les avions survolant le Pacifique.

Mais après la Première Guerre mondiale, Midway commença à être utilisée pour des fins stratégiques. En 1940, on y installa des bases aériennes et sous-marines, trois pistes d'atterrissage, une centrale électrique et une station radio. Le Japon **se rendit** vite **compte** de la situation stratégique de ces îles et de l'importance de les attaquer pour assurer sa domination dans le Pacifique.

En 1942, la marine japonaise **déploya** une grande partie de son armement pour détruire la flotte américaine et envahir les îles Midway. Le capitaine Yamamoto envoya 4 porte-avions lourds, deux porte-avions légers, sept cuirassés, 15 croiseurs, 42 destroyers, dix sous-marins, et plus de 400 avions de combat. L'armement des Américains était bien moins important.

La bataille des îles Midway commença le 3 juin 1942. Un avion de reconnaissance américain repéra la flotte japonaise à environ 800 km de Midway. Les Américains essayèrent de bombarder les navires qui approchaient, mais ils ne réussirent pas à les arrêter.

Le lendemain, le 4 juin 1942, la bataille continua. Les Japonais attaquèrent les îles Midway avec des avions. Lors de cette attaque qui dura une heure et demie, beaucoup d'installations militaires furent bombardées. Mais les Japonais épargnèrent les pistes d'atterrissage car ils avaient l'intention de les utiliser après la fin de l'invasion. Malgré la contre-offensive américaine, les Japonais ne perdirent que dix avions de chasse. Des 41 avions que déploya les États-Unis, seuls six revinrent intacts sans avoir pu toucher leur **cible**. Les avions japonais ne détruisirent aucun navire américain, mais ils frappèrent plus fréquemment. Les Japonais finirent par remporter la première partie de la bataille de Midway.

Mais le conflit connut un tournant soudain. Les Américains contre-attaquèrent avec 17 avions qui larguèrent plusieurs bombes en piqué d'une hauteur d'environ 5 800 mètres. Cette attaque fut très efficace, puisqu'elle fit couler deux porte-avions lourds japonais ainsi que tous les avions qu'ils transportaient. Les Américains réussirent ainsi à reprendre le dessus et arrêtèrent l'invasion japonaise.

La marine et l'armée de l'air américaines remportèrent la bataille de Midway pour deux raisons principales :

1. Les Américains avaient **déchiffré** les codes radio japonais avant le début des combats. Ils connaissaient donc l'emplacement et le moment de l'attaque, et avaient le temps de se préparer.

2. Les Japonais comptaient sur leurs nombreux avions, et commirent plusieurs erreurs stratégiques. Ils avaient réparti par exemple leurs forces dans différentes zones du Pacifique, alors que les États-Unis avaient concentré leurs forces à Midway. De plus, les Japonais attaquaient avec tous leurs avions à la fois, faisant des porte-avions une cible facile.

Plusieurs navires de guerre des deux camps furent détruits lors de la bataille de Midway. Ce fut un désastre militaire pour la marine japonaise. Le Japon avait aussi perdu 280 avions, contre 179 pour les États-Unis. Les pertes humaines s'élevèrent à 3 500 militaires japonais et 307 Américains.

La victoire américaine à la bataille de Midway fut un énorme avantage pour les Alliés. Ils avaient arrêté l'avancée japonaise dans le Pacifique car le Japon n'avait plus assez de porte-avions ni d'avions de chasse. Les troupes américaines commencèrent ensuite à récupérer les îles conquises par les Japonais.

> ### *Le saviez-vous ?*
>
> *Pendant la Seconde Guerre mondiale, l'armée rationnait le papier hygiénique. Les soldats britanniques avaient droit à trois feuilles de papier toilette par jour. Les Américains avaient droit à 22 feuilles par jour.*

Vocabulaire

étendre extend
faire partie de belong
se rendre compte realize
déployer deploy, spread
(la) cible target
déchiffrer decipher, decrypt

3.7. LA VICTOIRE DES BRITANNIQUES À LA BATAILLE DE EL ALAMEIN

- *El Alamein est un désert situé à 150 kilomètres du Caire (en Égypte).*
- *Cette bataille fut décisive dans la Seconde Guerre mondiale. Elle marqua le début de l'expulsion des forces de l'Axe d'Afrique du Nord.*
- *La Huitième Armée britannique et l'Afrika Korps, dirigés par le général allemand Erwin Rommel, s'y affrontèrent. Après une confrontation difficile, l'armée britannique remporta la bataille.*

La bataille d'El Alamein opposa les forces de l'Axe et les Alliés en Afrique du Nord, en octobre 1942. Ce conflit détermina qui allait contrôler la région. Cet endroit était stratégique pour l'attaque ou la défense de l'Europe méditerranéenne et pour l'approvisionnement en pétrole.

En février 1941, le général allemand Erwin Rommel fut nommé commandant de l'Afrika Korps, l'armée des forces de l'Axe en Afrique du Nord. Il devait retenir les Britanniques, qui avaient remporté plusieurs batailles contre l'Italie. Contre eux se trouvait la VIIIᵉ armée britannique, commandée par le général Montgomery.

La bataille d'El Alamein se déroula en deux parties : la première eut lieu en juin et la seconde en octobre 1942. Dans la première partie, le général Rommel lança une attaque contre les troupes britanniques stationnées près du Caire, la capitale de l'Égypte. Dans la seconde, le général Montgomery contre-attaqua les troupes italo-allemandes.

LA PREMIÈRE BATAILLE

La première bataille d'El Alamein commença lorsque les troupes allemandes et italiennes se rapprochèrent de Tobrouk, en Libye. Les armées de l'Axe y détruisirent **la plupart des** chars britanniques de la région.

Plus tard, les Allemands et les Italiens **se dirigèrent vers** la capitale égyptienne pour affronter les troupes défensives britanniques qui se trouvaient dans le désert d'El Alamein. La bataille dura environ 15 jours, mais aucun camp ne réussit à prendre l'avantage. La bataille se termina quand les troupes de l'Afrika Korps se trouvèrent bloquées dans une position défensive. Durant cette première partie, les Alliés perdirent 13 000 soldats, et 150 000 furent blessés. L'armée de l'Axe, quant à elle, comptait 10 000 morts et 96 000 blessés.

Pendant un mois, les deux camps se préparèrent pour la deuxième bataille d'El Alamein. La VIIIe armée britannique organisa une meilleure ligne de défense pour empêcher les chars et d'autres véhicules terrestres de passer. Pendant ce temps, l'Afrika Korps avait posé des milliers de mines antipersonnel et antichar dans toute la zone. Ces mines explosaient lorsqu'une personne ou un char passaient dessus.

LA DEUXIÈME BATAILLE

La deuxième bataille d'El Alamein commença en septembre 1942. Les Britanniques attaquèrent en premier, et les Allemands et les Italiens prirent des positions défensives.

L'avancée des troupes britanniques fut très lente en raison de l'importante contre-offensive des Allemands et des Italiens. Au début, l'Axe semblait bien résister aux troupes britanniques. Mais des troupes d'infanterie australiennes et néo-zélandaises arrivèrent en soutien des Alliés, qui purent ainsi vaincre les troupes allemandes.

Hitler ordonna au général Rommel de ne pas se retirer du désert d'El Alamein, même si la bataille était déjà perdue pour les Allemands. Malgré tout, Rommel se retira le 4 novembre. Dans cette seconde partie de la bataille, 4 800 soldats furent tués et 9 000 blessés du côté des Alliés, contre 9 000 tués, 15 000 blessés et 30 000 prisonniers du côté de l'Axe.

POURQUOI LES ALLIÉS REMPORTÈRENT-ILS LA BATAILLE ?

Les Alliés remportèrent la victoire dans le désert d'El Alamein pour deux raisons :

1. L'arrivée des **renforts** : La pause de plus d'un mois entre la première et la deuxième partie de la bataille permit à l'armée britannique de se préparer et de se renforcer grâce à l'arrivée des troupes australiennes et néo-zélandaises. Les Britanniques étaient **désormais** plus de deux fois plus nombreux que les Allemands et Italiens réunis : 230 000 soldats et 1 440 chars britanniques, contre 80 000 soldats et 540 chars italo-allemands.

2. Le soutien de l'armée de l'air : Les attaques continues de l'armée de l'air des Alliés empêchèrent l'arrivée du ravitaillement des Allemands. Les Alliés attaquèrent presque tous les navires allemands et italiens en Méditerranée. En octobre 1942, l'armée italo-allemande commença à manquer de nourriture, de carburant et de munitions.

LES CONSÉQUENCES DE CETTE BATAILLE

L'aspect le plus important de la victoire des Alliés à El Alamein fut l'expulsion des Allemands et des Italiens de la zone stratégique nord-africaine, **désormais** contrôlée par les Alliés. Par ailleurs, la bataille d'El Alamein obligea Hitler à diviser ses troupes entre l'Union soviétique et l'Afrique du Nord, ce qui affaiblit son pouvoir d'attaque.

La bataille d'El Alamein fut la première victoire britannique en trois ans de guerre contre l'Italie et l'Allemagne, ce qui remonta le moral du peuple et de l'armée britannique. Winston Churchill lui-même reconnut que la victoire à El Alamein fut le début d'une série de victoires qui conduisirent les Alliés à remporter la Seconde Guerre mondiale.

> *Le saviez-vous ?*
>
> *Le Coca Cola était tellement indispensable pour les troupes américaines qu'elles en firent installer trois usines d'embouteillage pendant l'occupation de l'Afrique du Nord.*

Vocabulaire

(la) plupart de most
se diriger vers head to
(les) renforts reinforcements
désormais from now on
(l') embouteillage bottling

3.8. LA DÉFAITE ALLEMANDE À STALINGRAD

- *Stalingrad était une ville de l'Union soviétique. Elle fut nommée ainsi en l'honneur de Staline.*
- *La bataille de Stalingrad fut la plus importante et la plus violente de toute la Seconde Guerre mondiale.*
- *Au cours de cette bataille, les troupes soviétiques réussirent à défendre la ville de l'invasion allemande.*

Illustration 1 La maison de Pavlov à Stalingrad pendant la Seconde Guerre mondiale (photo sur goodfreephotos.com)

La défaite des Allemands à Stalingrad, en Russie, marqua le début de la victoire des Alliés. Cette bataille fut l'une des plus importantes et des plus violentes de la guerre.

Les troupes allemandes entrèrent dans l'Union soviétique par la Crimée, sur le front sud, et prirent la ville de Rostov. Les Allemands souhaitaient faire de même à Stalingrad, en août 1942.

Mais les troupes soviétiques refusèrent de **céder** la ville aux Allemands. Malgré la destruction rapide de Stalingrad, les troupes soviétiques firent preuve de résistance, contre-attaquèrent de toutes leurs forces, et réussirent à arrêter l'invasion allemande.

POURQUOI LES ALLEMANDS VOULAIENT-ILS ENVAHIR STALINGRAD ?

Stalingrad était importante pour les Allemands, car c'était une ville industrielle qui fabriquait des armes et des tracteurs. La prise de cette ville aurait aidé les Allemands à se déplacer vers le nord pour envahir Moscou, la capitale russe. Par ailleurs, prendre Stalingrad, nommée en l'honneur de Staline aurait été une excellente propagande nazie contre le chef soviétique.

LE DÉBUT DU SIÈGE

En juillet 1942, Hitler ordonna l'invasion de Stalingrad et du Caucase en même temps. Pour ce faire, Hitler divisa son armée en deux. Ce fut une erreur stratégique, car Hitler ne pensait pas que les troupes soviétiques étaient aussi prêtes à se défendre.

En réponse à l'offensive allemande, Staline ordonna à l'Armée rouge de défendre Stalingrad. Ce front de défense était composé de trois troupes et de deux divisions d'attaque aérienne.

Staline ordonna aussi l'application de l'ordre numéro 227, qui stipulait qu'aucun soldat ne pouvait se rendre ou se retirer du combat, au risque d'être traité en traître et exécuté. Cet ordre interdisait également l'évacuation des civils de la ville. Staline pensait que les soldats seraient beaucoup plus motivés à la bataille s'ils n'avaient pas l'option de se rendre et s'ils étaient conscients de défendre les habitants de la ville.

LES ATTAQUES

Le 23 août 1942, les troupes allemandes pénétrèrent dans la ville par le nord. Leurs forces aériennes attaquèrent une grande partie de la ville, détruisant la plupart des **habitations**. Mais les Soviétiques continuaient de résister. La majorité d'entre eux étaient concentrés devant le fleuve Volga, d'où étaient acheminés **les vivres** et les munitions.

La bataille eut lieu dans la ville de Stalingrad. Les soldats des deux camps étaient proches les uns des autres, et ils se réfugiaient dans les rues et derrière les bâtiments détruits.

Pendant la bataille, les Soviétiques furent **encerclés** par les Allemands. Mais ces derniers étaient déjà très affaiblis par l'hiver russe.

LA CONTRE-ATTAQUE RUSSE

La contre-attaque soviétique qui débuta le 19 novembre 1942 prit les Allemands par surprise. Ils ne pensaient pas que les Soviétiques avaient à leur disposition autant de soldats pour attaquer.

Les Russes attaquèrent la section la plus faible de l'armée de l'Axe : les troupes restées à l'arrière, à l'extérieur de Stalingrad, là où se trouvaient le matériel, le carburant et la nourriture. Ces troupes de soldats italiens, roumains et hongrois étaient fatiguées et mal équipées contre le froid et la neige. La contre-attaque soviétique fut un succès, et l'Armée rouge encercla l'armée de l'Axe.

Même s'il ne pouvait pas envoyer de renforts, Hitler ordonna à l'armée allemande de ne pas se rendre. Il leur envoya des avions qui **larguèrent** du matériel, de la nourriture, des munitions et du nécessaire médical, mais cela ne fut pas suffisant.

La bataille se poursuivit jusqu'en janvier 1943. Cet hiver, l'un des hivers les plus froids jamais enregistrés en Russie, joua un rôle majeur dans la défaite des Allemands.

L'hiver fut tellement froid que la Volga, gelée, offrit le passage idéal pour les renforts soviétiques. Hitler ordonna à ses troupes de continuer de combattre jusqu'à la mort. Mais les Allemands désobéirent et se rendirent le 31 janvier.

LES CONSÉQUENCES DE LA BATAILLE

La victoire de Stalingrad remonta le moral des Alliés. Les Allemands avaient semblé invincibles jusqu'à présent, mais après cette bataille, les soldats russes attaquèrent avec plus de force et reprirent les territoires envahis par les Allemands.

Au cours des cinq mois que dura la bataille de Stalingrad, de nombreuses personnes perdirent la vie : 1 100 000 soldats et 40 000 civils soviétiques, 323 000 soldats allemands et 450 000 soldats italiens, roumains et hongrois. Les Soviétiques firent 91 000 prisonniers allemands, dont 6 000 seulement retournèrent en Allemagne une dizaine d'années plus tard.

> *Le saviez-vous ?*
>
> *En 1945, l'URSS désigna Stalingrad comme ville héroïque où avait commencé la victoire contre les Allemands. On y trouve une statue de 85 mètres de haut, représentant une figure féminine ailée tenant une épée appelée « The Motherland Calls You ! », ce monument commémore les héros de la bataille de Stalingrad. Commencée en 1959, elle fut achevée en 1967.*

Vocabulaire

céder yield, give in
(les) habitations residential buildings
(les) vivres food supplies
encerclé surrounded
larguer dumps

3.9. LE JOUR J

- Le « jour J » est également connu sous le nom d'opération Overlord ou le débarquement de Normandie.
- C'est ainsi que le 6 juin 1944, les Alliés commencèrent à reconquérir l'Europe occidentale.
- Les troupes américaines, britanniques et canadiennes libérèrent le nord de la France en août 1944.

Des troupes dans un LCVP Landing Craft, débarquant des troupes à Omaha Beach, le 6 juin 1944 (Photo sur goodfreephotos.com)

Le « jour J » en juin 1944 marqua le début de la reconquête de l'Europe occidentale, et en particulier de la France, par les Alliés. En août 1944, les Alliés réussirent à reprendre le contrôle du nord de la France.

Après l'invasion de la France, les Allemands essayèrent de conquérir la Grande-Bretagne. En battant le dernier des Alliés, Hitler pourrait avoir un contrôle absolu sur l'Europe.

Mais l'Allemagne nazie ne réussit jamais à envahir le territoire britannique. La Grande-Bretagne fut une menace pour les Allemands tout au long du conflit.

En raison de son emplacement stratégique en Europe occidentale, l'Angleterre était le point de départ de la majeure partie des troupes des Alliés. C'est de là que partaient également des avions de combat qui pouvaient bombarder n'importe quelle région européenne en seulement quelques heures ou même en quelques minutes. Hitler savait donc pertinemment que les Alliés essaieraient de revenir en France depuis la Grande-Bretagne pour reprendre le conflit.

Le Jour J, également connu sous le nom de **Débarquement** de Normandie ou Opération Overlord, était le plan allié pour reprendre le contrôle du nord de la France.

LE PLAN DE LA BATAILLE

Les Alliés planifiaient depuis longtemps l'invasion de la Normandie. Mais ils **reportèrent** leur plan à de nombreuses reprises. L'invasion du nord de la France n'était pas **une mince à faire** ! Il fallait coordonner différentes armées, préparer les ressources et les tactiques, et tenir compte de **la météo**.

Les Britanniques commencèrent par essayer d'expulser les troupes allemandes et italiennes d'Afrique du Nord en 1942. Ils se focalisèrent ensuite sur l'invasion de l'Italie depuis la Sicile en 1943. Plus tard, Roosevelt, Staline et Churchill décidèrent de mener l'opération de libération de la France et de l'ouverture d'un second front de bataille sur les côtes normandes en mai 1944. Mais la date fut reportée le 6 juin 1944 à cause du mauvais temps.

Le débarquement de Normandie fut commandé par le général de l'armée américaine Eisenhower, qui avait été promu commandant suprême des forces expéditionnaires des Alliés peu de temps avant.

Hitler savait quand l'invasion des Alliés aurait lieu. Les Allemands commencèrent donc à préparer le front sur la Côte-Nord française : ils posèrent 50 millions de pièges et de mines et placèrent des bombardiers et des mitrailleuses. L'objectif était d'empêcher les Alliés de débarquer sur les côtes et de couler leurs navires. Mais la stratégie allemande ne fut jamais exécutée en raison de problèmes d'approvisionnement et de transport et du manque de **main-d'œuvre**.

LE JOUR J

Dans un premier temps, entre le 1er avril et le 5 juin, les forces aériennes britanniques et américaines déployèrent 11 000 avions de combat. Ces avions larguèrent 195 000 tonnes d'explosifs sur des bases allemandes en France, détruisant des pistes d'atterrissage, des radars et des bases militaires le long des côtes françaises.

Ces raids aériens servirent non seulement à détruire les installations militaires allemandes, mais aussi à semer la confusion au sein de leur armée. Plus de la moitié des bombes furent larguées loin de la Normandie pour faire croire aux Allemands que le débarquement aurait lieu ailleurs. Hitler pensa donc que l'attaque aurait lieu dans le Pas-de-Calais, et non en Normandie.

Le jour J, seul un petit nombre de troupes aériennes, blindées et de fantassins furent déployés : cinq divisions d'infanterie maritime, (deux américaines, deux britanniques et une canadienne), deux divisions de l'US Air Force, ainsi qu'une division blindée spéciale. Six mille huit cents soldats furent débarqués, et 13 000 avions de combat furent sollicités durant la bataille.

Le débarquement fut un succès, mais les Allemands se défendirent bien. La **lutte** entre les Alliés et l'Axe sur les côtes françaises se poursuivit jusqu'en juillet 1944.

Les Allemands contre-attaquèrent efficacement et semblaient avoir pris l'avantage. Mais le vent tourna quand Hitler ordonna le remplacement du haut commandement dont il **se méfiait**. À cause de cela, les troupes allemandes restèrent sans commandant pendant un certain temps, ce qui affecta leur qualité d'attaque.

Les Alliés profitèrent de cette crise de commandement dans le camp allemand. En quelques semaines, ils réussirent à débarquer 326 000 hommes avec des chars et des camions lourds. À la fin de l'opération, il y avait plus de trois millions de soldats en Normandie.

LES CONSÉQUENCES DE LA BATAILLE

Le jour J permit aux Alliés de reprendre la quasi-totalité du nord de la France en seulement quelques semaines. Ils reprirent Paris, la capitale de la France, le 25 août 1944.

Ils réussirent également à éliminer les installations à partir desquelles les missiles allemands V1 et V2 avaient été lancés, et qui avaient détruit une grande partie du territoire anglais lors de la bataille d'Angleterre. La reconquête de la France permit également de reprendre le contrôle de Bruxelles et d'Anvers, en Belgique.

Le saviez-vous ?

Plus de 20 films et jeux vidéo produits à partir de 1950 ont comme thème le jour J !

Vocabulaire

reporter postpone
(une) mince à faire easy to do
(la) météo weather
(la) main-d'œuvre workforce
(la) lutte fight
se méfier mistrust
débarquer, le débarquement landing

3.10. HIROSHIMA ET NAGASAKI

- *Après le jour J, le conflit en Europe semblait gagné. Mais le Japon n'avait pas encore capitulé.*
- *Pour accélérer la fin de la guerre, les États-Unis décidèrent de larguer pour la première fois une bombe nucléaire sur Hiroshima le 6 août 1945.*
- *Trois jours plus tard, les États-Unis lâchaient une autre bombe nucléaire sur Nagasaki.*
- *En raison de la grande puissance destructrice de ces deux bombes nucléaires, le Japon capitula sans condition le 2 septembre 1945..*

Comme nous l'avons déjà mentionné, la Seconde Guerre mondiale avait un front dans l'océan Pacifique. Les Alliés y affrontaient les troupes japonaises.

À partir de 1943, la Grande-Bretagne et les États-Unis multiplièrent les attaques contre le Japon, qui avait envahi plusieurs territoires du Pacifique. Les Alliés se mirent à les récupérer un par un. On appela cette stratégie « La stratégie du **saute-mouton** ». Les États-Unis avancèrent des archipels du Pacifique central jusqu'aux côtes japonaises.

Plusieurs batailles eurent lieu dans les îles du Pacifique. Parmi les plus importantes, on compte la bataille de Tarawa, d'Eniwetok, de Kwajalein, d'Iwo Jima et d'Okinawa. Les forces navales américaines combattaient principalement au large des côtes.

Malgré leur manque de munitions et de nourriture, les soldats japonais se battirent jusqu'au bout. Ils suivaient les principes spirituels des samouraïs : ils préféraient mourir au combat avec honneur plutôt que de fuir et de vivre dans la honte.

C'est pour cette raison que les pilotes japonais menèrent des attaques kamikazes. Il s'agissait d'attentats suicides au cours desquels des pilotes **écrasaient** leurs avions contre les navires ennemis. Au début de la guerre, ce type attaques était conçu pour les avions endommagés. Mais lorsque le Japon était sur le point de perdre la guerre, les pilotes reçurent l'ordre de se tuer pour la victoire. Les avions japonais étaient ainsi sûrs d'**atteindre** leur cible. De nombreux soldats japonais, dont beaucoup de pilotes nouvellement recrutés, perdirent ainsi la vie.

LES ATTAQUES À HIROSHIMA ET NAGASAKI

Les États-Unis commencèrent à bombarder les îles du Japon au cours du printemps et de l'été 1945. Dans un premier temps, ils bombardèrent les équipements militaires. Puis dans un second temps, les bombes furent larguées sur les populations civiles.

Les États-Unis attaquèrent principalement Tokyo, la capitale du Japon, ainsi que d'autres grandes villes. Ils déployèrent 17 500 bombardiers et larguèrent 60 000 tonnes de bombes. Près de 350 000 personnes sont mortes et deux millions d'habitations furent détruites.

Truman, le président des États-Unis à la fin de la Seconde Guerre mondiale, décida d'utiliser la bombe atomique récemment inventée. Il voulait ainsi forcer les Japonais à se rendre rapidement et prévenir de nouvelles pertes du côté américain.

Le 6 août 1945, à 8 h 15, une bombe atomique explosa dans la ville d'Hiroshima. Le centre-ville fut complètement détruit et 160 000 personnes sont mortes **sur le coup**. Trois jours plus tard, une deuxième bombe nucléaire fut larguée sur la ville de Nagasaki. La bombe tomba à la périphérie de la ville, et 70 000 personnes sont mortes (moins qu'à Hiroshima).

LES CONSÉQUENCES DES ATTAQUES SUR LE JAPON

Les radiations des bombes atomiques eurent des conséquences jusqu'à des années après les attaques. Des milliers de personnes tombèrent malades. Même les enfants et les petits-enfants de ces victimes eurent des **séquelles**.

En raison de ces lourdes pertes, l'empereur du Japon communiqua officiellement la fin de la guerre le 15 août 1945.

Le 2 septembre, les Japonais se rendirent officiellement dans la baie de Tokyo. Le Japon renonça donc à son plan de conquête de l'Asie, et accepta la Déclaration de Potsdam.

Cette déclaration de Potsdam stipulait que le Japon devait :

1. Destituer les responsables des autorités japonaises qui avaient mené le pays à la guerre.

2. Accepter l'occupation militaire américaine du pays pour garantir la paix dans la région.

3. Désarmer totalement l'armée japonaise et interdire l'armement sur l'île.

4. Traduire en justice les criminels de guerre.

5. Commencer la reconstruction économique et industrielle du Japon.

Le saviez-vous ?

Les autorités japonaises diffusèrent des films, des magazines et des bandes dessinées pour encourager les Japonais à avoir des enfants. Contrairement aux Russes, aux Américains et aux Britanniques, les Japonais n'avaient pas recruté de femmes dans l'armée. Au lieu de cela, ils menaient une politique qui encourageait les naissances et avait pour but de stimuler la croissance démographique. L'une des expressions les plus utilisées dans leurs campagnes politiques était « Croissance et multiplication ».

Vocabulaire

capituler surrender
saute-mouton leapfrog
ecraser crush
atteindre reach
sur le coup instantly
(les) séquelles aftermath, grievances, sequels, consequences

3.11. LES JUIFS PENDANT LA SECONDE GUERRE MONDIALE

- *L'Holocauste fait référence au meurtre planifié de millions de Juifs européens pendant la Seconde Guerre mondiale.*
- *Il fut exécuté par l'armée nazie.*
- *La haine des Juifs, considérés comme une menace pour le peuple allemand, et la recherche de la suprématie allemande en Europe étaient les motivations principales qui poussèrent à l'Holocauste.*

Oswiecim, Pologne; Photo de Frederick Wallace sur Unsplash

Pendant la Seconde Guerre mondiale, le gouvernement d'Hitler commença à persécuter les Juifs en Allemagne et dans les territoires occupés. Des milliers de Juifs perdirent la vie dans les camps de la mort nazis.

LES CAMPS D'EXTERMINATION

Les Juifs furent enfermés et tués dans ce qu'on appelle des camps d'extermination. D'autres groupes furent également persécutés, emprisonnés et assassinés : les Gitans, les Slaves, les personnes handicapées, les communistes, les socialistes, les **Témoins de Jéhovah** et les homosexuels.

Pendant la guerre, les Alliés ignoraient l'existence des camps de la mort. Les troupes soviétiques furent les premières à en découvrir l'existence, en juillet 1944. Le camp de Majdanek près de Lublin en Pologne, l'un des plus grands, fut le premier à être découvert.

À Majdanek, les Russes trouvèrent des centaines de **cadavres** et sept chambres à gaz. On apprit plus tard que 1,5 million de personnes, principalement des Juifs, mais aussi des prisonniers de guerre russes et polonais, y avaient été assassinées. Le camp de Majdanek n'était que l'un des plus de 20 camps de la mort nazis construits dans les territoires envahis.

Le 27 janvier 1945, les troupes soviétiques libérèrent des prisonniers du camp de la mort d'Auschwitz, où ils trouvèrent des centaines de prisonniers malades et **épuisés** par la famine et le travail forcé. Ils retrouvèrent également les vêtements d'autres victimes : plus de 300 000 costumes pour hommes, plus de 800 000 manteaux pour femmes et des dizaines de milliers de paires de chaussures.

Plus tard, en avril 1945, les troupes américaines et britanniques libérèrent les prisonniers d'autres camps de la mort.

Le 11 avril 1945, les forces américaines délivrèrent ainsi 20 000 prisonniers du camp de Buchenwald près de Weimar, en Allemagne. Le 15 avril 1945, les Britanniques libérèrent 60 000 prisonniers du camp de Bergen-Belsen, près de Celle, en Allemagne. La plupart d'entre eux étaient gravement atteints du typhus, et nombreux sont ceux qui sont morts quelque temps après.

POURQUOI EST-CE QUE LES NAZIS AVAIENT CONSTRUIT LES CAMPS D'EXTERMINATION ?

Les camps de concentration constituaient une partie très importante du plan nazi : ils furent construits pour mettre en œuvre « La solution finale », le but des nazis étant de fournir une solution à la « menace juive » en Allemagne et en Europe.

Au cours de leurs conquêtes en Pologne et en Russie, l'Allemagne mit aussi en place de nombreux ghettos, des camps de transit et des camps de travail pour les Juifs et d'autres minorités ethniques.

Entre 1941 et 1944, des millions de Juifs furent déportés vers des camps d'extermination, où ils furent **fusillés**, brûlés vifs ou enfermés dans des chambres à gaz.

Diverses interprétations de l'extermination des Juifs par les Allemands furent avancées à l'époque. On peut distinguer deux catégories principales d'historiens :

1. **Ceux qui voyaient en Hitler le principal coupable et responsable de l'Holocauste**, puisque ce fut lui qui diffusa les idéologies anti-juives au sein du peuple allemand.

2. **Ceux qui considéraient que l'Holocauste fut la conséquence de plusieurs facteurs** : Ils ne voient pas en Hitler le seul cerveau derrière l'Holocauste. Ces experts pensent que la majorité des Allemands de cette époque avait déjà des croyances antisémites, qui n'ont fait que s'intensifier avec le nazisme. Hitler aurait donc tout simplement profité d'un courant qui existait déjà à son arrivée au pouvoir.

À l'heure actuelle, la plupart des historiens considèrent que les causes de l'Holocauste sont multiples et combinent les deux points de vue. L'idéologie antisémite d'Adolf Hitler, partagée par la majorité des Allemands, mena à l'exclusion et à la persécution des Juifs pendant la Seconde Guerre mondiale. Une grande partie de la population n'**était** pas **au courant** du massacre des Juifs dans les camps d'extermination.

Il est important de se rappeler que beaucoup d'Allemands

aidèrent les Juifs à se cacher ou à **échapper** aux nazis. Des citoyens d'autres pays occupés, tels que la Pologne et la Russie, prêtèrent aussi main-forte aux Juifs fugitifs.

LES CONSÉQUENCES DE L'HOLOCAUSTE

Tout au long de la Seconde Guerre mondiale, 6 millions de Juifs et des centaines de milliers de non-Juifs furent tués, beaucoup d'entre eux dans des camps d'extermination ou même chez eux. Par ailleurs, les Allemands nazis menèrent un programme d'euthanasie ciblant quelque 70 000 personnes souffrant de handicaps physiques ou de maladies mentales présumés.

Après l'Holocauste, de nombreux survivants furent conduits vers des camps de déplacés gérés par les Alliés. Entre 1948 et 1951, beaucoup de Juifs déplacés émigrèrent en Israël et aux États-Unis. Les meurtres commis par les nazis avaient pratiquement décimé toutes les communautés juives d'Allemagne et de Pologne.

Le saviez-vous ?

Le film « Le pianiste » raconte l'histoire du musicien polonais Władysław Szpilman pendant la Seconde Guerre mondiale, et comment il survécut à l'holocauste grâce à l'aide d'un officier allemand.

Vocabulaire

(la) haine hatred
(les) témoins de Jéhovah Jehovas witnesses
(un) cadavre dead body, corpse
épuisé exhausted
fusillé shot
être au courant know, be aware of
échapper escape

3.12. L'IMPACT DE LA GUERRE CIVILE ESPAGNOLE SUR LA SECONDE GUERRE MONDIALE

- *La guerre civile espagnole eut lieu entre 1936 et 1939.*
- *Ce conflit opposa les nationalistes et les républicains. Des armées étrangères, soutenant l'un des camps, furent également impliquées.*
- *Les nationalistes menés par le général Francisco Franco remportèrent la guerre.*

La guerre civile espagnole fut l'un des conflits armés les plus importants du XXe siècle. Bien qu'il eût été localisé en Espagne, il influença aussi le début de la Seconde Guerre mondiale.

Ce conflit opposait deux camps : les fascistes et les nationalistes d'un côté, et les communistes, socialistes et républicains de l'autre.

LES CAUSES DE LA GUERRE CIVILE

Ce conflit commença pour plusieurs raisons. L'une d'entre elles était l'insatisfaction du peuple face aux politiques économiques de la République instaurée en 1931. L'objectif de ces réformes était de **pallier** les conséquences de la dépression économique mondiale de 1929, mais elles n'eurent pas l'effet escompté. Au début du XXe siècle, les prix des produits agricoles en Espagne avaient chuté de façon spectaculaire, le chômage avait augmenté et la production de fer et d'acier avait diminué de près de la moitié.

Mais la guerre civile n'éclata que quelques jours après l'assassinat de Calvo Sotelo, un leader politique aux tendances **conservatrices** et monarchistes. Sa mort fut l'étincelle qui mit le feu aux poudres. Les partis de droite se réunirent et montèrent un coup d'État pour établir un gouvernement similaire à ceux de Mussolini en Italie et d'Hitler en Allemagne. À l'époque, les modèles italiens et allemands semblaient être la solution au maintien de l'ordre national en Espagne.

Pour établir une dictature, les militaires organisèrent un coup d'État qui commença en 1936 à Pampelune, une ville du nord de l'Espagne, et dans les îles Canaries. Les troupes rebelles arrivant du Maroc se dispersèrent rapidement dans toute l'Espagne.

LE CONFLIT

Les deux camps qui s'opposaient étaient les Nationalistes et les Républicains. Le général Francisco Franco commandait l'armée nationaliste.

Les Nationalistes suivaient des idéologies fascistes, conservatrices et monarchiques. Ils reçurent le soutien de l'Allemagne, du Portugal et de l'Italie, qui leur envoyèrent des troupes armées. L'Allemagne envoya 15 000 soldats pour former les soldats fascistes espagnols. Ils leur envoyèrent aussi des armes : des canons, des chars et des **bombardiers**. L'Italie envoya 50 000 soldats et 763 avions, et le Portugal envoya 20 000 soldats.

Les Républicains, quant à eux, défendaient la République établie en 1931. Ce groupe réunissait des Socialistes, des Communistes, des Anarchistes et quelques Libéraux de gauche. Leur armée était soutenue par la Russie et les Brigades internationales, des troupes étrangères de nationalités différentes qui choisirent de participer au conflit espagnol. La Russie envoya 500 soldats, 200 chars et 4 000 camions. De plus, 40 000 volontaires rejoignirent les Brigades internationales pour combattre aux côtés de la République.

Fin juillet 1936, le territoire espagnol était divisé en deux. Les Nationalistes contrôlaient presque tout le nord et le sud, des zones agricoles. Les Républicains, quant à eux, avaient le contrôle des grandes villes de Barcelone, Madrid et Valence, et des régions aux alentours. Les institutions économiques et politiques les plus importantes du pays se trouvaient dans ces villes.

La guerre civile fut une lutte sanglante jusqu'à ce qu'à **la prise** de Madrid par les Nationalistes en mars 1939. Francisco Franco devint alors le dirigeant d'une dictature militaire en Espagne.

POURQUOI LES NATIONALISTES ONT-ILS TRIOMPHÉ ?

La victoire des Nationalistes en Espagne était due à plusieurs facteurs :

1. Franco avait réussi à rassembler tous les groupes de droite (l'armée, **l'Église**, la monarchie ainsi que le parti fasciste connu sous le nom de Phalange) dans un front uni contre les Républicains.

2. Les Républicains n'étaient pas unis et faisaient face à des conflits internes. De plus, beaucoup d'entre eux n'avaient aucune formation militaire, ce qui réduisait l'efficacité de leurs attaques.

3. Les Nationalistes avaient reçu plus d'aide internationale. L'Allemagne, l'Italie et le Portugal les avaient soutenus et leur avaient **fourni** des armes, des avions, des chars et de la nourriture.

Lorsque Franco arriva au pouvoir, il installa un gouvernement fasciste et dictatorial. Le franquisme fut caractérisé par sa politique de répression, ses tribunaux militaires et ses exécutions massives d'opposants politiques. Franco dirigea l'Espagne jusqu'à sa mort en 1975.

La guerre civile espagnole eut une influence sur le début de la Seconde Guerre mondiale. Le conflit en Espagne fut comme **un terrain d'essai** pour les Allemands, qui se préparaient à un conflit européen.

De plus, beaucoup d'Espagnols avaient participé à la Première Guerre mondiale. Le gouvernement de Franco avait par ailleurs soutenu Hitler en envoyant des troupes de la Division Bleue ainsi que 146 infirmières sur les fronts de bataille de l'Union soviétique.

D'autre part, beaucoup de Républicains espagnols exilés en France rejoignirent la Résistance et combattirent contre l'occupation allemande. La Neuvième Compagnie Blindée, dite « La Nueve », joua un rôle très important dans la libération de Paris. Cette compagnie était entièrement composée de soldats espagnols. Une rue et un parc lui sont dédiés dans la capitale française.

Le saviez-vous ?

1. Un des éléments les plus importants de la participation des Allemands dans le conflit espagnol fut l'essai de leurs bombes : Franco les autorisa à bombarder la population civile de Guernica, ville du nord de l'Espagne, en mai 1937.

2. Valence fut la capitale de l'Espagne du 6 novembre 1936 au 17 mai 1937. Le gouvernement de la République s'y installa pour rester à l'abri de l'armée franquiste. Plus tard, le 31 octobre 1937, Barcelone devint la capitale du pays.

Vocabulaire

pallier compensate
conservateur conservative
(un) bombardier bomber
(la) prise capture
l'Eglise the Church
fournir provide
(un) tribunal court
(un) terrain d'essai test ground

4. LE MONDE FRANCOPHONE PENDANT LA SECONDE GUERRE MONDIALE

La France et le Royaume-Uni furent les deux premières nations à déclarer la guerre à l'Allemagne le 3 septembre 1939. L'Allemagne envahit la France en mai 1940 et la France se rendit en juin. Le pays était divisé en deux sections : la France occupée au nord contrôlée par les nazis, et la France de Vichy au sud dirigée par un héros français de la Première Guerre mondiale nommé maréchal Pétain.

Certains citoyens français, en particulier dans la France de Vichy, collaborèrent avec les nazis. Mais beaucoup d'autres leur résistèrent. Au Royaume-Uni, le général Charles de Gaulle dirigeait les Forces françaises libres, ou l'armée de la France libre. Dans la France occupée, des milliers de Français et de Françaises rejoignirent la Résistance. Ils aidèrent les Juifs à se mettre en sécurité, transmirent des informations aux Alliés et sabotèrent des ponts et des usines nazis.

Durant les quatre années qui suivirent, le conflit causa beaucoup de dégâts matériels dans toute la France, en particulier dans le nord. Le 6 juin 1944, jour J, les Alliés débarquèrent en Normandie pour repousser les Allemands à Berlin. Les soldats allemands finirent par quitter la France en mai 1945. Plus de 5 millions de soldats avaient **combattu** pour la France pendant la Seconde Guerre mondiale, et plus de 2oo 000 d'entre eux avaient perdu la vie. Près de 570 000 civils français sont morts également.

Beaucoup d'événements majeurs de la Seconde Guerre mondiale eurent lieu en France. De nombreux **francophones** venus d'autres pays, régions ou colonies prirent également part dans les conflits. Dans ce chapitre, nous nous concentrerons principalement sur la vie et les expériences des francophones résidant hors de France.

Dans un premier temps, nous parlerons des soldats canadiens de la province francophone du Québec. De nombreux Québécois restèrent au Canada pour protéger leur pays, mais beaucoup d'autres allèrent au combat en Europe et en Asie. Par ailleurs, les dirigeants Alliés Roosevelt et Churchill se rencontrèrent deux fois à Québec pendant la guerre.

Dans un second temps, nous nous pencherons sur le cas de Monaco. Cette principauté de la Côte d'Azur resta neutre pendant la guerre, bien que son dirigeant le prince Louis II ait soutenu les Alliés. L'Italie envahit Monaco en novembre 1942 et le gouverna jusqu'à la chute de Mussolini en 1943. L'Allemagne prit le relais du pouvoir, jusqu'à la libération finale de Monaco en septembre 1944. Le prince Louis et la police monégasque aidèrent des Juifs à échapper à la Gestapo. Mais d'autres Juifs venus chercher refuge à

Monaco furent déportés vers des camps de concentration.

Dans le troisième chapitre, nous discuterons de la Force publique au Congo. Pendant la Seconde Guerre mondiale, le Congo était gouverné par la Belgique, qui fut envahie par l'Allemagne en mai 1940 et se déclara neutre. Mais des responsables belges voyagèrent au Congo pour prendre le commandement de leur armée, la Force publique. Cette armée lutta aux côtés des Britanniques en Afrique de l'Est. Le Congo fournissait aux Alliés de nombreux **matériaux** importants, notamment du cuivre, du coton, du bois et du caoutchouc.

Enfin, nous retournerons en France pour en apprendre plus sur la libération de Paris. Du 15 au 19 août 1944, beaucoup d'ouvriers parisiens se mirent en grève contre le gouvernement nazi. Des Résistants commençaient également à se battre contre les soldats allemands dans la ville. Enfin, le 25 août 1944, les Alliés entrèrent dans la capitale. Le lendemain, les Allemands capitulaient et le général Charles de Gaulle devenait le président élu de la future Quatrième République.

Vocabulaire

francophone French speaking
(le) service militaire obligatoire compulsory military service
combattre fight
(les) matériaux materials

4.1. LES QUÉBÉCOIS ET LES AUTRES CANADIENS FRANCOPHONES PENDANT LA SECONDE GUERRE MONDIALE

- *Environ 160 000 Canadiens francophones du Québec servirent pendant la Seconde Guerre mondiale.*
- *Certains régiments étaient composés uniquement de Canadiens francophones, mais certains d'entre eux rejoignirent également des régiments anglophones.*
- *Les Canadiens francophones participèrent à des batailles importantes, comme celle du raid de Dieppe en 1942.*
- *Des Canadiens et des Canadiennes francophones, surtout des Québécois, contribuèrent aussi à l'effort militaire en travaillant dans des usines qui produisaient des matériaux pour les Alliés.*
- *De nombreux Canadiens francophones s'opposaient au service militaire obligatoire.*

Le Canada déclara la guerre à l'Allemagne le 10 septembre 1939, une semaine seulement après la Grande-Bretagne et la France. Le Premier ministre W. L. Mackenzie King annonça que le Canada devait entrer en guerre aux côtés de la Grande-Bretagne, car le pays était un Dominion de l'Empire britannique : une ancienne colonie qui avait son propre gouvernement. Ces liens avec l'Empire britannique inspirèrent les Canadiens anglophones à participer à l'effort de guerre. Les Canadiens francophones étaient moins enclins à se battre dans une armée autrefois dirigée par la Grande-Bretagne. C'était particulièrement le cas de nombreux Québécois qui désiraient l'indépendance du Canada. Malgré tout, les Canadiens francophones servirent à la fois dans leur pays et à l'étranger par loyauté envers la France.

Près de 1,2 million de Canadiens servirent pendant la Seconde Guerre mondiale. Parmi eux, environ 160 000 étaient francophones. La plupart vivaient dans la province de Québec. Les Canadiens francophones servirent dans les trois branches des forces armées : l'Armée royale canadienne, la Marine et l'Aviation. Ils **combattirent** en Europe et en Asie, et défendirent localement leur pays.

Le président américain Franklin D. Roosevelt et le Premier ministre britannique Winston Churchill se rencontrèrent deux fois dans la ville de Québec.

Mais les Canadiens francophones, principalement les Québécois, croyaient fermement que seuls les soldats qui le souhaitaient devaient se battre. Ils étaient de fervents opposants au service militaire rendu obligatoire par le gouvernement. Leur opposition contribua à retarder cette politique pendant des années.

Nous allons examiner de plus près les contributions spécifiques des Canadiens francophones, dont les Québécois, pendant la Seconde Guerre mondiale.

*

La plupart des Canadiens francophones qui participèrent à la Seconde Guerre mondiale servirent dans l'une des quatre unités d'infanterie de l'armée canadienne. Ces quatre unités étaient : Les Fusiliers Mont-Royal, Le Régiment de Maisonneuve, Le Régiment de la Chaudière et le Royal 22e Régiment. Dans ces unités, les soldats parlaient français entre eux, mais les chefs utilisaient l'anglais pour rédiger les ordres et pour communiquer avec les autres unités.

Les Canadiens francophones servirent également dans deux unités blindées : le Régiment des Trois-Rivières et le Régiment des Fusiliers de Sherbrooke. Ces unités conduisaient des chars. Le *Sherbrooke Fusiliers Regiment* faisait partie de la 2e Brigade blindée canadienne, qui protégea les soldats qui débarquèrent en Normandie. Au total, il y avait 57 unités francophones ou bilingues dans l'armée. Il y avait aussi un groupe de pilotes francophones qui servirent dans l'Aviation royale canadienne. On les appelait l'escadron «*Alouette*». Leur nom officiel était le «*Number 425 Squadron*».

Des membres des Fusiliers Mont-Royal, un régiment formé à Montréal en 1869, combattirent dans un conflit très important : le raid de Dieppe le 19 août 1942. Dieppe était un port en Normandie, sur la côte nord-ouest de la France. En 1942, il était occupé par les forces allemandes. Les Alliés ne croyaient pas pouvoir vaincre les Allemands. Cependant, ils espéraient se renforcer et gagner en expérience, une expérience qui jouerait un rôle décisif en 1944, lors du jour J. Ils nommèrent l'Opération Jubilé du Raid de Dieppe.

À Dieppe, 6100 soldats luttèrent aux côtés des Alliés, et 5000 d'entre eux étaient canadiens. Le raid de Dieppe consista en trois attaques distinctes sur les plages autour du port. Les Fusiliers Mont-Royal participèrent à la dernière, et attaquèrent le centre des défenses allemandes. Mais les Allemands étaient trop puissants. Les Alliés comptèrent 3400 soldats morts ou blessés. Des 584 membres des Fusiliers qui étaient à Dieppe, seulement 125 retournèrent en Angleterre sans blessures, soit un taux de perte de 79 % ! Un monument honorant les Fusiliers de Dieppe fut érigé en 1962.

D'autres Canadiens francophones servirent dans leur pays. Le Canada expédiait des matériaux précieux aux Alliés et aux citoyens britanniques, généralement à partir des principaux ports du Québec : Montréal, Trois-Rivières et la ville de Québec sur le fleuve Saint-Laurent. Les sous-marins allemands, appelés *U-boots*, se mirent à attaquer les navires entrant et sortant de ces ports en mai 1942. En 1944, 23 navires avaient été coulés et beaucoup d'autres avaient été sérieusement endommagés. Près de 70 000 tonnes de matériel furent perdues. Ces attaques étaient les premières dans les eaux canadiennes depuis la guerre de 1812, quand le Canada avait combattu les États-Unis pour la Grande-Bretagne.

Quand les attaques des sous-marins américains commencèrent, le Canada établit une base navale dans la ville côtière québécoise de Gaspé. Parmi les soldats qui s'y trouvaient, certains étaient canadiens francophones. Cette base comprenait 19 navires de guerre, des canons servant à tirer sur les *U-boots* et même **un filet** pour empêcher les *U-boots* d'entrer dans la baie de Gaspé. Malheureusement, ces défenses n'empêchèrent pas les *U-boots* d'attaquer les bateaux. Pour arrêter les attaques, le Canada dut fermer le fleuve Saint-Laurent à la navigation internationale.

Certains soldats canadiens francophones prirent part à la seule bataille terrestre qui eut lieu en Amérique du Nord pendant la Seconde Guerre mondiale : l'invasion de Kiska. Les Japonais envahirent cette petite île de l'Alaska en juin et juillet 1942. Un mois plus tard, 5 000 soldats canadiens, dont des francophones du Régiment de Hull, rejoignirent quelque 30 000 Américains pour reprendre l'île. Ils savaient bien que les Japonais se rendaient rarement et continuaient de se battre jusqu'à la fin. Un épais **brouillard** empêchait les soldats de voir l'ennemi qui débarquait. Pendant deux jours, ils continuèrent de se battre sans rien voir ou presque ! C'est alors qu'ils apprirent que les Japonais avaient quitté l'île avant même le début de la bataille ! Ils s'étaient en fait entre-tués ! Le taux de pertes pour les Alliés fut estimé à 90 % à Kiska. Quatre Canadiens sont morts.

Pendant la Seconde Guerre mondiale, les Canadiens francophones ne représentaient que 13 % des forces canadiennes, mais ils constituaient plus de 20 % de ceux qui combattirent à l'étranger. Les Canadiens francophones voulaient contribuer à défendre le Canada et aider les Alliés. Mais ils s'opposaient aussi fermement au service militaire obligatoire. Le maire de Montréal, Camillien Houde, fut arrêté le 5 août 1940 pour avoir encouragé les Montréalais à ne pas s'enregistrer conformément à la Loi sur la mobilisation des ressources nationales. Cette loi n'imposait pas le service militaire, mais elle obligeait les hommes à s'enregistrer au cas où ce service entrerait en vigueur plus tard. Houde passa 4 ans en prison sans avoir eu de procès, et fut finalement libéré.

Le 27 avril 1942, le gouvernement organisa un vote pour demander aux Canadiens s'ils voulaient autoriser le service militaire obligatoire. Au Québec, 80 % des citoyens votèrent pour le « non », contre 80 % des citoyens des provinces anglophones qui votèrent pour le « oui ». Même si la loi sur le service militaire obligatoire fut adoptée peu de temps après, elle ne fut appliquée qu'après le jour J en 1944. Au total, seuls 13 000 Canadiens furent contraints de s'enrôler.

Mais beaucoup de Canadiens francophones voulaient aussi contribuer à l'effort de guerre chez eux. Les Québécois représentaient à eux seuls le tiers de l'ensemble de la main-d'œuvre civile canadienne ! Il y avait à la fois des hommes et des femmes qui travaillaient dans les deux usines de chars de la province, sur les cinq chantiers navals, et dans des usines qui fabriquaient des fusils, des balles, des obus, des bombes aériennes et même des avions. Pendant que les hommes combattaient au front, les femmes occupaient des emplois nouveaux pour elles : certaines étaient ingénieures ou architectes, d'autres travaillaient dans des usines, coupaient des arbres, conduisaient des camions ou déchiffraient des codes. Ce n'est probablement pas un hasard si les Québécoises réussirent finalement à obtenir le droit de vote le 25 avril 1940 (bien après les autres Canadiennes, pourtant). Le 17 août 1943 et le 11 septembre 1944, la ville de Québec fut le siège de deux réunions importantes entre Roosevelt et Churchill qui devaient parler de stratégie militaire.

Au total, 45 400 Canadiens perdirent la vie au combat pendant la Seconde Guerre mondiale. On ne sait pas combien d'entre eux étaient francophones, car les soldats ne précisaient pas leur langue maternelle quand ils s'engageaient dans l'armée. Mais on peut toutefois dire que les Canadiens francophones contribuèrent énormément à la guerre, tant à l'étranger qu'au Canada. Ils combattirent dans des batailles, défendirent les droits de ceux qui ne voulaient pas être forcés de se battre, et occupèrent des emplois qui permettaient de soutenir les Alliés. Leur courage et leurs sacrifices ne doivent pas être oubliés.

> *Le saviez-vous ?*
>
> *Léo Major fut surnommé le « Rambo du Québec » pour sa bravoure durant la Seconde Guerre mondiale. En octobre 1944, lors de la bataille de l'Escaut aux Pays-Bas, il captura à lui seul près de 100 soldats allemands dans un camp nazi. Il contribua également à libérer la ville néerlandaise de Zwolle en faisant croire à un officier allemand que la ville était encerclée. Avec l'aide de Résistants néerlandais, il captura 50 soldats allemands sans aide militaire. Après son décès à Montréal en 2008, à l'âge de 87 ans, un colonel néerlandais assista à ses funérailles pour honorer son service rendu dans les Pays-Bas.*

Vocabulaire

(un) filet a net
(un) brouillard fog

4.2. LA VIE À MONACO PENDANT LA SECONDE GUERRE MONDIALE

- *La petite principauté de Monaco tenta de rester neutre pendant la Seconde Guerre mondiale, bien que son dirigeant, le prince Louis, ait soutenu l'effort de guerre français.*

- *Monaco fut occupée deux fois et pendant de longues périodes : d'abord par l'Italie en 1942, puis par l'Allemagne en 1943 après la capitulation de l'Italie.*

- *Bien qu'elle n'ait pas pu protéger tous les Juifs, Monaco réussit à en protéger quelques-uns de la déportation dans les camps de concentration.*

- *En 2015, le Prince Albert II de Monaco présenta ses excuses pour le rôle qu'avait joué le pays dans l'Holocauste, en livrant près de 100 Juifs aux nazis.*

Quand on pense à Monaco, on pense souvent aux belles plages, aux casinos de luxe, aux **courses** de Grand Prix et à la princesse Grace Kelly. La Principauté de Monaco est le deuxième plus petit pays du monde, avec une superficie de moins de 1,98 km^2 ! Il est situé sur la Côte d'Azur, le long de la Méditerranée, à une quinzaine de kilomètres à l'ouest de l'Italie. Environ 38 000 personnes vivent aujourd'hui à Monaco et la langue officielle est le français. Le gouvernement est une monarchie constitutionnelle, avec un prince au pouvoir de la maison Grimaldi et un Premier ministre.

En tant que petit pays situé entre l'État Allié de la France et la puissance de l'Axe de l'Italie, Monaco essaya de se protéger pendant la Seconde Guerre mondiale en restant neutre. Les Monégasques (les habitants de Monaco) ne combattirent pas pendant la guerre. Mais ils ne purent toutefois pas éviter toutes les horreurs de la guerre. Ce fut particulièrement le cas pour les Juifs de Monaco. Regardons de plus près l'histoire de Monaco au cours de la Seconde Guerre mondiale.

*

Monaco était restée neutre pendant la Première Guerre mondiale. Mais le prince Louis II s'était battu pour la France et avait reçu la Croix de guerre pour sa **bravoure**. En 1918, Monaco signa un traité avec la France qui autorisait l'État français à envoyer des troupes à Monaco pour protéger les deux pays. Quand la France déclara la guerre à l'Allemagne en septembre 1939, elle y envoya 300 soldats. Mais quand la France fut vaincue, le 25 juin 1940, Monaco perdit la protection de la France.

Au début du conflit, l'Allemagne **épargna** Monaco, qui lui était utile pour les opérations bancaires internationales. C'est d'ailleurs pour ça que, quand l'Italie envahit Monaco après avoir déclaré la guerre à la France le 10 juin 1940, l'Allemagne força les troupes de Mussolini à quitter Monaco. Pendant la guerre, le prince Louis II exprima son soutien au gouvernement de Vichy, qui collaborait avec les nazis. Ce gouvernement était dirigé par un héros de la Première Guerre mondiale et un ami du prince, le maréchal

Pétain. Le prince Louis II et le gouvernement monégasque cédèrent aux pressions de la France de Vichy et adoptèrent certaines de ses lois. Le 3 juillet 1941, Monaco adopta même une loi qui obligeait à **recenser** les Juifs de Monaco.

Beaucoup de Juifs venus d'Allemagne, d'Autriche, de France et d'ailleurs avaient fui vers Monaco pendant la guerre. Arrivant dans un pays neutre, ils espéraient être protégés de la déportation dans les camps de concentration. Mais une fois les lois sur le **recensement** adoptées, le gouvernement commença à arrêter les Juifs pour les déporter. Les autorités et les citoyens monégasques avertirent certains Juifs que la Gestapo (la police nazie) allait les arrêter, ce qui leur donna le temps de s'enfuir.

Monaco ne protégea pas toujours les Juifs résidant sur son territoire. Pendant la terrible nuit du 27 au 28 août 1942, la police monégasque arrêta 66 juifs et les livra aux nazis. Près des trois quarts des Juifs déportés de Monaco pendant la guerre furent arrêtés cette nuit-là. Au total, environ 90 Juifs furent déportés. Seuls 9 d'entre eux survécurent à l'Holocauste. Le 27 août 2015, 73 ans après cette fameuse nuit, le Prince Albert II inaugura un mémorial en l'honneur des Juifs déportés pendant la guerre. Il s'excusa officiellement pour le rôle de Monaco dans l'Holocauste.

Le 11 novembre 1942, l'Italie envahit à nouveau Monaco pour installer sur ses plages des **clôtures** défensives et empêcher les États-Unis et le Royaume-Uni d'envahir l'Afrique du Nord. Mais après avoir terminé, ils refusèrent de quitter le territoire. Ils occupèrent Monaco jusqu'à la capitulation de l'Italie le 9 septembre 1943. Le lendemain, les troupes allemandes entraient dans la principauté. L'Allemagne y ouvrit un consulat pour interagir avec les gouvernements étrangers. Elle y créa également Radio Monte-Carlo, une émission d'information qui diffusait les informations de l'Allemagne et de la France occupée. Les déportations de Juifs se multiplièrent en janvier et février 1944, malgré les tentatives des monégasques qui essayaient de les empêcher.

La libération de Monaco est célébrée le 3 septembre. On raconte que deux troupes américaines seraient entrées dans la principauté à bord d'une Jeep. Un des soldats aurait commandé un verre dans un bar avant d'annoncer : « Monaco est libre ! ». Mais cette histoire, bien qu'amusante, n'est pas vraie. Une fois Monaco libéré, le Prince Rainier III (petit-fils du Prince Louis et héritier du trône), rejoignit l'armée française en tant que sous-lieutenant. Il prit part à la campagne de libération de l'Alsace occupée par les Allemands. Plus tard, il reçut la médaille *US Bronze Star* et la Légion d'Honneur pour sa bravoure.

L'histoire de Monaco pendant la Seconde Guerre mondiale prouve que la neutralité de certains pays ne leur permit pas toujours d'échapper aux horreurs de la guerre. Les citoyens juifs de Monaco, et les autres Juifs qui s'y étaient réfugiés, en furent la cible principale. Beaucoup d'entre eux avaient échappé à l'arrestation, mais près de 100 juifs furent déportés dans des camps de concentration. L'État de Monaco lui-même fut occupé à deux reprises, d'abord par l'Italie, puis par l'Allemagne, malgré l'intérêt financier de Monaco pour l'État nazi. La vie quotidienne de beaucoup de citoyens monégasques non juifs ne fut pas très perturbée, malgré les difficultés économiques et les pénuries de nombreux produits. À cause de sa proximité avec la France, l'Allemagne et l'Italie, Monaco ne pouvait échapper complètement aux conséquences de la guerre, et ce, malgré sa neutralité.

Le saviez-vous ?

Monaco est gouverné par un descendant des Grimaldi depuis 1297 ! François Grimaldi fonda cette dynastie après avoir vaincu la famille italienne qui avait conquis la région pour la première fois en 1215. Il réussit à passer derrière les lignes ennemies en se déguisant en **moine** *!*

Vocabulaire

(une) course race
(la) bravoure courage
épargner spare, save
recenser, le recensement counting, census
(une) clôture fence
(un) moine monk

4.3. LA FORCE PUBLIQUE ET LE CONGO BELGE PENDANT LA SECONDE GUERRE MONDIALE

- *Lorsque la Seconde Guerre mondiale éclata en 1939, la région d'Afrique centrale connue sous le nom de Congo belge était une colonie de la Belgique.*
- *La Belgique se déclara neutre, mais l'Allemagne l'envahit malgré tout en mai 1940.*
- *Un groupe d'hommes politiques belges mit en place un gouvernement en exil pour soutenir les Alliés.*
- *Tout au long de la guerre, le Congo envoya de grandes quantités de matières premières aux Alliés.*
- *La Force Publique, l'armée coloniale belge, combattit pour les Alliés en Éthiopie, au Moyen-Orient et même en Asie.*
- *Malheureusement, les soldats congolais ne furent pas traités de la même manière que leurs collègues blancs, pendant et après la guerre.*

Avant d'examiner l'implication du Congo belge et de son armée, la Force publique, pendant la Seconde Guerre mondiale, nous devons discuter de l'histoire coloniale de la région. En 1885, le roi Léopold II de Belgique prit le contrôle d'environ 2 millions de kilomètres carrés en Afrique centrale. Il appela ce territoire l'État indépendant du Congo. Cette zone contenait de nombreuses ressources précieuses, notamment du **caoutchouc**, de l'ivoire et des minéraux comme le **cuivre**. Des responsables européens obligèrent des adultes et des enfants congolais à travailler pour réunir ces ressources. Ce système ressemblait beaucoup à de **l'esclavage**. Pour obliger les Congolais à travailler, Léopold créa sa propre armée privée, la Force Publique. Elle compta jusqu'à 16 000 soldats africains commandés par 350 Européens.

Sous les ordres des officiers européens, cette armée sanctionnait violemment les Congolais qui refusaient de travailler ou ne travaillaient pas assez dur. La Force Publique **incendiait** des villages, tuait des chefs de village et coupait les mains et les pieds des Congolais, même des enfants. De 1885 à 1920, pas moins de 10 millions de Congolais perdirent la vie à cause de la maladie, de la famine, des abus et des meurtres. La situation était si extrême que des pays européens obligèrent le roi Léopold à céder l'État indépendant du Congo au parlement belge en 1908. Le système de gestion du pays africain restait brutal et injuste, mais était moins violent que sous la gestion royale.

La Belgique était restée neutre pendant la Première Guerre mondiale et le gouvernement voulait maintenir sa neutralité pendant la Seconde. Cependant, l'Allemagne envahit la Belgique le 10 mai 1940. Après 18 jours de combats et d'attaques allemandes violentes, le roi Léopold III, fils de Léopold II, se rendit.

Pierre Ryckmans, le gouverneur général du Congo belge, **alla à l'encontre** de la décision royale et annonça que la colonie ne se rendrait pas aux Allemands. Le ministre belge des Colonies, Albert De Vleeschauwer, se rendit à Londres après la capitulation de Léopold et promit à la Grande-Bretagne de leur fournir des matières premières du Congo. Bien que ministre des Colonies, De Vleeschauwer ne visita en fait la colonie qu'une seule fois pendant la guerre. Il **séjournait** principalement à Londres et au Portugal, où sa famille s'était réfugiée pendant la guerre.

Dans un message adressé aux lecteurs américains, Ryckmans estima que le Congo belge avait expédié l'équivalent de 400 millions de francs belges en matières premières aux États-Unis d'avril à juin 1941 (ce qui équivalait à 9 millions de dollars américains à l'époque, ou 172 millions de dollars aujourd'hui!). Parmi ces matières premières, il y avait des métaux importants comme l'étain, le cobalt et le zinc, ainsi que de l'huile de palme, du coton et du **caoutchouc**. La plupart de ces matériaux étaient utilisés pour fabriquer des armes. L'une des ressources les plus importantes extraites du Congo pour les Alliés était l'uranium. Ce métal radioactif fut utilisé pour fabriquer les bombes atomiques que les États-Unis larguèrent sur Hiroshima et Nagasaki les 6 et 9 août 1945. En fait, 80 % de l'uranium utilisé pour fabriquer ces bombes provenait du Congo belge.

Mais les Congolais ne faisaient pas que réunir des matières premières pour les Alliés. Des soldats de la Force Publique combattirent dans le territoire de l'Éthiopie moderne. Avant la montée du fascisme sous Benito Mussolini, en 1936, l'Italie avait envahi cette région, qui comprenait l'Éthiopie, la Somalie et l'Érythrée d'aujourd'hui. Mais après avoir rejoint l'Axe, elle étendit sa présence dans la région.

Début 1941, pas moins de 5 000 soldats congolais entamèrent une marche de plus de 4000 km pour soutenir les Britanniques dans leur lutte contre l'Italie en Afrique de l'Est. La Force Publique était dirigée par des officiers belges blancs, dont le général de division Auguste Gilliaert et le lieutenant-colonel Léopold Bronkers Martens. La marche fut très difficile : il y avait beaucoup de matériel à tirer sur les routes de montagne. Les maladies étaient courantes, notamment la dysenterie causée par des bactéries ou des parasites, qui provoque des diarrhées et peut entraîner la mort. On compta plus de soldats morts de maladie que dans les combats.

Des unités détachées de la Force Publique qui comptaient quelques milliers de soldats furent déployées dans diverses zones, et combattirent notamment à Gambela dans l'Éthiopie moderne. Ils attaquèrent le quartier général italien dans la ville de Saïo (aujourd'hui Dembi Dollo). Les forces belges réussirent à battre les Italiens, malgré la supériorité numérique de ces derniers, trois ou quatre fois plus nombreux que les Belges.

Les Belges finirent par encercler les Italiens à Saïo le 3 juillet 1941. Ils se cachèrent dans une zone où **l'herbe** était tellement haute qu'on ne pouvait les voir. Leur attaque-surprise commença à l'aube. À 13 h 40, près de 6 000 soldats italiens se rendirent, dont 9 généraux et 370 officiers. Les forces belges, quant à elles, comptaient moins de 5 000 hommes et seulement 5 officiers.

Certains soldats de la Force Publique allèrent au combat au Moyen-Orient et en Asie. Certains servaient aux côtés des troupes belges en Palestine, et d'autres affrontèrent les Japonais au Myanmar (la Birmanie d'aujourd'hui). Contrairement à beaucoup d'autres, les soldats de la Force Publique ne furent jamais payés pour leur service. L'un des rares vétérans des campagnes belges encore vivants aujourd'hui décrivit récemment le racisme dont lui et ses camarades étaient victimes. Il expliqua qu'ils étaient traités comme des « serviettes sales ».

Même si la Force Publique avait initialement été formée par le roi Léopold III pour contrôler le peuple congolais, elle combattit courageusement pour les Alliés pendant la Seconde Guerre mondiale. Ils traversèrent des milliers de kilomètres du Congo à ce qui correspond aujourd'hui l'Éthiopie, et y affrontèrent les Italiens. Ils traversèrent les continents pour combattre au Moyen-Orient et en Asie. Au Congo même, les citoyens travaillèrent dur pour réunir des matériaux comme l'uranium, le cuivre, le caoutchouc et l'huile de palme. Ces matériaux furent envoyés aux Alliés pour fabriquer des armes et du matériel pour la guerre.

Les sacrifices de ces soldats de la Force publique et de ces Congolais méritent de recevoir plus de reconnaissance, même si la plupart d'entre eux ne sont plus en vie aujourd'hui et ne peuvent plus être compensés pour leur service.

> *Le saviez-vous ?*
>
> *Le Congo devint indépendant en 1960. Mais la région resta très instable, et à cause de nombreux conflits entre des armées rivales, des milliers d'adultes et d'enfants furent tués, blessés ou devinrent* **sans-abri**.

Vocabulaire

(le) caoutchouc rubber
(le) cuivre copper
(l') esclavage slavery
incendier burn down
aller à l'encontre go against
séjourner stay
(l') herbe grass
sans abri homeless

4.4. LA LIBÉRATION DE PARIS

- *La libération de Paris eut lieu le 25 août 1944, plus de quatre ans après l'entrée de l'Allemagne dans la ville le 14 juin 1940.*
- *Des centaines de milliers de Parisiens accueillirent les troupes américaines et françaises sur les Champs-Élysées et d'autres rues parisiennes.*
- *Plus de 1 000 Parisiens sont morts dans les combats contre les Allemands dans la semaine qui précéda la libération.*
- *Le général Charles de Gaulle, chef des Forces françaises libres et du gouvernement français libre en exil, prononça un discours historique à l'Hôtel de Ville pour célébrer l'événement.*

On peut considérer que la libération de Paris avait déjà commencé le 6 juin 1944 avec le débarquement en Normandie. Cette attaque fut **un coup** dur pour les Allemands. Au cours de l'été 1944, les Alliés avancèrent dans le nord de la France occupée et **libérèrent** les villes et les villages.

Au début, les généraux américains et britanniques n'avaient pas prévu de **libérer** Paris. Paris avait une importance symbolique et culturelle, mais pas militaire. Les Alliés voulaient forcer l'Allemagne à se rendre le plus rapidement possible afin de se concentrer sur le Japon.

Mais le général Charles de Gaulle, chef exilé des Forces françaises libres, avait bien compris que la libération de Paris, le cœur de la France, était très importante pour les Français. Lorsque l'Allemagne envahit la France en 1940, de Gaulle était général dans l'armée française et membre du ministère de la Défense. Quand la France se rendit, de Gaulle **s'enfuit** à Londres et encouragea les Français à résister à l'occupation. En tant que chef des Forces françaises libres, il collabora avec des responsables des forces alliés, comme le Premier ministre Churchill et le président Roosevelt. Il fit ainsi équiper les soldats français qui se battaient pour les Alliés, et fit soutenir les Résistants qui luttaient contre le gouvernement allemand et celui de Vichy. Tout au long de la guerre, il encouragea les Français via de nombreuses émissions de radio.

De Gaulle savait que celui qui libérerait Paris dirigerait le gouvernement d'après-guerre du pays. Il était déterminé à ce que ce soit les Forces françaises libres, (dont il était le chef), et non pas des responsables américains, britanniques, ou tout autre groupe anti-collaborationniste français.

Mais les Parisiens décidèrent de ne pas attendre la libération. Le 18 août 1944, ils appelèrent à la grève générale (une tradition parisienne qui existe encore aujourd'hui !). Les citoyens refusèrent de travailler, construisirent des barricades et prirent les armes. Le 20 août, environ 5 000 résistants affrontèrent les Allemands dans les rues parisiennes.

Les Alliés n'avaient pas prévu de libérer Paris aussi tôt, mais ils n'allaient pas laisser les Parisiens se battre seuls. Le

22 août, le général américain Dwight D. Eisenhower, chef des forces alliées en Europe, autorisa la 2ᵉ division blindée française à entrer dans la ville pour la libérer. Cette division était dirigée par le général Jacques-Philippe Leclerc, qui avait mené de nombreuses campagnes victorieuses contre l'Italie en Afrique en 1943.

Lorsque les chars de la 2ᵉ division blindée entrèrent à Paris au petit matin du 25 août 1944, les combats entre Parisiens et Allemands se poursuivaient. Les combattants de la Résistance française avaient le contrôle du centre de la ville, y compris l'île de la Cité et le Palais de Justice, mais les Allemands avaient toujours le contrôle de la place de la Concorde et du Louvre à l'ouest. Les chars entrèrent dans la ville et les soldats américains avancèrent jusqu'à la cathédrale de Notre-Dame. Malgré les coups de feu, des centaines de milliers de Parisiens descendirent dans les rues pour **accueillir** les nouveaux arrivants. Ils agitèrent des **drapeaux** tout au long des Champs-Élysées, saluèrent et embrassèrent les soldats avec des larmes de joie. Six pompiers escaladèrent même la tour Eiffel pour y accrocher le drapeau français bleu, blanc et rouge! Selon un journaliste américain, l'atmosphère était aussi joyeuse que les célébrations du Nouvel An, du Mardi gras et du Jour de l'Indépendance des États-Unis combinées!

Le général Dietrich von Choltitz, gouverneur militaire de Paris lors de sa libération, se rendit au général Leclerc. Il n'occupait ce poste que depuis trois semaines. Hitler lui avait ordonné de détruire Paris plutôt que de la laisser aux Alliés, mais il lui désobéit. On ne connaît pas les raisons qui poussèrent Choltitz à épargner Paris, même s'il expliqua plus tard qu'il ne voulait pas voir la beauté de Paris détruite.

Un jour plus tard, le 26 août, le général de Gaulle entra dans la ville à pied. Il alla de l'Arc de Triomphe à Notre-Dame, marchant à la tête d'un cortège de Résistants de France et de l'étranger. De Gaulle était de grande taille : il mesurait 1,96 cm. Des tireurs d'élite le visèrent de leurs tirs, mais il continua d'avancer quand même. À l'Hôtel de Ville du Marais, le 4e arrondissement situé sur la rive droite de la Seine, il prononça un discours devenu célèbre, et déclara que la France était libérée.

Au total, plus de 1 000 Parisiens perdirent la vie dans les combats avant et pendant la libération. Après la capitulation allemande, les Parisiens cherchèrent à punir ceux qui avaient collaboré avec le gouvernement nazi. Les femmes soupçonnées d'avoir eu des relations avec des soldats allemands, par exemple, avaient la tête **rasée** et devaient défiler dans les rues avec des **croix gammées** peintes sur le front. La colère faisait suite à la souffrance vécue par les Parisiens pendant l'Occupation. La nourriture était rare et les soldats allemands pourchassaient constamment les résistants et les juifs. Plus de 40 000 Juifs avaient été déportés de Paris vers des camps de concentration, et peu d'entre eux avaient survécu.

En 2019, Paris célébra le 75e anniversaire de la libération et relocalisa le musée de la Libération de Paris à côté des catacombes du 14e arrondissement, un emplacement plus central. Le musée expose la libération des points de vue du résistant Jean Moulin et du général Leclerc, qui dirigeait la 2ᵉ division blindée des Forces françaises libres à leur entrée dans Paris. Le nom complet du musée est donc « musée de la Libération de Paris — musée du Général Leclerc — musée de Jean Moulin ». On peut y voir des objets qui témoignent du quotidien difficile des Parisiens pendant l'occupation : des cartes de rationnement pour la nourriture, des chaussures à semelles en bois, car il n'y avait pas de cuir, et les étoiles jaunes de David que les Juifs étaient obligés de porter. Le musée expose également des objets ayant appartenu à Leclerc et à Moulin, par exemple la canne de Leclerc et la valise que Moulin utilisait quand il était Résistant. On peut aussi trouver au musée des machines à écrire, des cartes dessinées à la main, des téléphones et d'autres équipements utilisés par les membres de la France libre à Paris pendant la guerre et la libération.

La libération de Paris ne fut pas une bataille clé dans les combats contre l'Allemagne. Mais elle reste néanmoins un événement historique particulièrement symbolique pour les Français de Paris et d'ailleurs, marquant le début de la IVe République dirigée par le libérateur et futur président Charles de Gaulle.

> ### *Le saviez-vous ?*
>
> *Le musée de la Libération de Paris est installé au-dessus d'un ancien bunker qui fut utilisé par les Forces françaises libres comme poste de commandement lors de la libération. Il est encore possible de visiter le bunker, resté tel qu'il était en 1944 !*

Vocabulaire

accueillir welcome
(un) coup blow
libérer, la libération set free
s'enfuir run away
(un) drapeau flag
rasé shaved
(une) croix gammée swastika

5. LES AUTRES VISAGES DE LA GUERRE

Les civils aussi furent impliqués dans le conflit, directement ou indirectement : **des combattants**, des victimes ou des rescapés. Dans cette section, nous verrons comment certaines catégories de la population prirent part au plus grand conflit de l'histoire de l'humanité.

Les enfants **témoignèrent** et furent victimes des horreurs de la Seconde Guerre mondiale. Beaucoup d'entre eux furent tués ou blessés. D'autres furent séparés de leurs parents ou contraints de quitter leur domicile. Beaucoup furent **entraînés** pour servir comme soldats.

Par ailleurs, et malgré le peu de reconnaissance pour leur contribution, les femmes aussi prirent part à la Seconde Guerre mondiale. Certaines combattirent même au front. Beaucoup travaillèrent, en particulier dans les usines, quand les hommes étaient à la guerre. Après la Seconde Guerre mondiale, les femmes étaient plus présentes dans les postes de travail qui étaient auparavant exclusivement masculins, ce qui lança des mouvements féministes revendiquant l'égalité des sexes et le droit au travail des femmes. Ce combat pour l'égalité se poursuit toujours de nos jours.

Nous cherchons encore à améliorer les conditions de travail et le statut social des femmes, peu importe leur couleur de peau.

Les Amérindiens participèrent à la guerre en tant que soldats spéciaux. Leurs langues étaient utilisées pour envoyer des messages cryptés que les armées de l'Axe ne pouvaient pas comprendre.

Les Afro-Américains jouèrent aussi un rôle important dans l'armée américaine. Pendant la Seconde Guerre mondiale, des soldats noirs et blancs se battirent côte à côte pour la première fois de l'histoire. Les Afro-Américains étaient pilotes, fantassins, conducteurs de chars... Après la guerre, l'armée américaine lança un programme d'intégration raciale dans ses **rangs**.

D'autre part, nous verrons comment les Japonais, considérés comme des ennemis, furent traités sur le continent américain. Et nous finirons par considérer le cas et le traitement des prisonniers de guerre.

Vocabulaire

(un) combattant fighter soldier
témoigner witness
entraîné trained
(les) rangs ranks

5.1. L'IMPACT DE LA GUERRE SUR LES ENFANTS

- *Les enfants souffrent toujours plus particulièrement des conséquences d'une guerre.*
- *Pendant la Seconde Guerre mondiale, les plus jeunes furent aussi victimes des horreurs de la guerre.*
- *De nombreux enfants furent victimes de meurtres, de conflits et d'autres conditions extrêmes.*

Korczak et la statue des enfants du ghetto, Yad Vashem (sur depositphoto.com)

Bien que l'histoire officielle n'en parle que très peu, beaucoup d'enfants furent victimes des conséquences de la guerre et en souffrirent encore plus que les adultes. Dans ce chapitre, nous discuterons de certains effets que la guerre eut sur les enfants et les jeunes.

BEAUCOUP D'ENFANTS FURENT SÉPARÉS DE LEURS PARENTS

Avant le début de la Seconde Guerre mondiale, l'Angleterre avait ouvert ses frontières à 10 000 enfants juifs qui fuyaient le régime nazi. Beaucoup de Juifs d'Autriche, d'Allemagne, de Tchécoslovaquie et de Pologne y envoyèrent leurs enfants pour les sauver. Des milliers de ces enfants ne **revirent** jamais leurs parents.

La Croix-Rouge britannique envoya les enfants par train et par bateau en Hollande. Ils avaient entre 5 et 17 ans, et bien qu'ils aient tous survécu à la guerre, ils souffrirent beaucoup de cette situation. Ces enfants juifs avaient été séparés de leurs parents et étaient placés dans des refuges et des familles d'accueil, dans un pays étranger. Certains d'entre eux furent traités avec cruauté par leurs parents adoptifs.

LES ENFANTS JUIFS VICTIMES DU NAZISME

On estime que 1,6 million d'enfants vivaient dans des territoires occupés par les nazis pendant la Seconde

Guerre mondiale. À la fin de la guerre, environ 1,5 million d'entre eux avaient été tués dans le cadre du programme d'extermination nazi. Les rares survivants durent vivre sans parents ni famille.

Le taux de mortalité des enfants juifs pendant la guerre fut très élevé, et seuls 11 % des enfants juifs survécurent. Dans les camps, les nazis tuaient d'abord les enfants, les personnes âgées et les femmes enceintes. Les Juifs qui survécurent aux camps de concentration devaient généralement faire du travail forcé pour échapper aux chambres à gaz.

À Auschwitz, par exemple, l'un des plus grands camps de concentration nazis, 216 000 Juifs mineurs furent emprisonnés. Parmi eux, seuls 6 700 furent sélectionnés pour le travail forcé. Les autres moururent dans les chambres à gaz. Quand les Soviétiques libérèrent Auschwitz, il n'y avait que 451 Juifs mineurs parmi les 9 000 prisonniers survivants.

Un autre exemple qui illustre l'impact de la persécution nazie sur les jeunes Juifs est le cas de la Pologne. Sur les 1 million d'enfants juifs qui y habitaient, seuls 5 000 survécurent, en vivant dans la clandestinité pour la plupart.

LA FORMATION MILITAIRE DES JEUNESSES HITLÉRIENNES

Avant et pendant la Seconde Guerre mondiale, La Jeunesse hitlérienne éduqua et forma des garçons allemands. Cette organisation leur enseigna à penser et à agir selon les principes nazis. En 1935, 60 % des jeunes Allemands étaient membres des Jeunesses hitlériennes.

Les garçons y entraient à l'âge de 13 ans, et en sortaient à 18 ans. Pendant ces cinq ans, ils recevaient une formation militaire de base et travaillaient **à plein temps** pour le nazisme et pour Hitler. À l'âge de 18 ans, ils rejoignaient le parti nazi, où ils servaient en tant que soldats ou auxiliaires jusqu'à l'âge de 21 ans minimum.

Il existait aussi une organisation pour les filles connue sous le nom de Ligue des filles allemandes. Cette organisation formait des jeunes filles de 14 à 18 ans, leur enseignait à effectuer des tâches ménagères et à élever les enfants.

LES ENFANTS TÉMOINS D'ACTES DE GUERRE

Les enfants qui n'avaient pas fui se retrouvèrent en prison ou furent contraints de servir en tant que soldats. Tous les enfants souffrirent d'une façon ou d'une autre de la guerre.

Beaucoup de ceux qui vécurent la guerre dans leur enfance subirent des séquelles tout au long de leur vie. Petits, ils avaient vécu dans un monde de bombardements, de morts, de blessés, de suicides, de soldats ennemis, d'armes, de fusillades, et d'autres atrocités.

> ### *Le saviez-vous ?*
>
> *Lors du bombardement de Londres en 1939, le gouvernement britannique lança l'opération Pied Piper, qui réussit à déplacer 1,9 million d'enfants en trois jours. Ces enfants provenaient de six villes anglaises menacées par les bombes aériennes allemandes.*

Vocabulaire

revoir see again
(le) taux rate
à plein temps full-time

5.2. LE RÔLE DES FEMMES DURANT LA SECONDE GUERRE MONDIALE

- *La participation des femmes à la guerre ne fut pas très reconnue.*
- *Beaucoup de femmes participèrent à l'effort de guerre, et certaines luttèrent même au front.*
- *Pendant la Seconde Guerre mondiale, la participation des femmes fut beaucoup plus élevée que pendant les autres guerres.*
- *Les femmes firent plus que soutenir l'armée ; elles servirent aussi en tant que soldats ou Résistantes.*

«Rosie the Rivete», une affiche de guerre produite par J. Howard Miller en 1943 pour Westinghouse Electric, avec l'objectif de remonter le moral des travailleuses (photo sur pixaby.com)

Malgré leur contribution importante, le rôle des femmes dans la guerre n'est pas souvent mentionné dans l'histoire officielle. Beaucoup d'entre elles entrèrent dans le marché du travail pendant la Seconde Guerre mondiale, une démarche qui se poursuivit après la guerre. Examinons de quelles façons les femmes participèrent à la Seconde Guerre mondiale.

LE RÔLE DES FEMMES DANS LA RÉSISTANCE

Tout au long de la guerre, des nations européennes formèrent des organisations secrètes (soutenues par l'État) pour combattre la menace allemande. Ces organisations, connues sous le nom de Résistance, et présentes dans toute l'Europe, se trouvaient principalement en France, occupée par les nazis, et en Italie. La Direction britannique des opérations spéciales et le Bureau américain des services stratégiques faisaient partie de ces organisations.

Beaucoup de femmes travaillaient pour la Résistance. Elles collaboraient avec elle de multiples façons, en organisant des plans de sabotage ou en espionnant les soldats ennemis dans les bars, par exemple. Une de leurs tâches les plus courantes était de transporter des messages et des documents d'un endroit à un autre. Les femmes étaient très efficaces pour transmettre des messages, car elles passaient souvent **inaperçues**.

Beaucoup de ces femmes de la Résistance reçurent les plus hautes distinctions militaires à la fin de la guerre.

Certaines servaient comme espionnes, d'autres **diffusaient** de la propagande ou des informations de la part des Alliés. Toutes se battaient pour la défaite du nazisme en Europe.

Voici quelques-unes des figures féminines les plus importantes de la Seconde Guerre mondiale.

NOOR INAYAT KHAN, ESPIONNE BRITANNIQUE ET PRINCESSE INDIENNE

Noor était une descendante directe du sultan Fateh Ali Tipu, chef de l'État du Karnakata en Inde au 18e siècle. Noor est née à Moscou et étudia à l'Université de la Sorbonne à Paris. Elle **parlait** donc plusieurs langues **couramment**. Grâce à son origine et à ses études, elle obtint un poste au sein de la Direction britannique des opérations spéciales.

Elle devint opératrice radio. Ce travail fut le plus important qu'elle occupa en France. Elle envoya des messages essentiels aux opérations des Alliés en Europe. Elle était la première femme à occuper ce poste dangereux, un poste où elle devait constamment se déplacer pour ne pas être détectée par l'ennemi.

Mais la Gestapo finit par l'arrêter, l'interroger et la torturer. Elle essaya de **s'évader** à plusieurs reprises, mais sans succès. Elle fut enfermée dans des prisons de haute sécurité. En septembre 1944, les Allemands la transférèrent au camp de concentration de Dachau, où elle fut exécutée.

Après sa mort, le gouvernement britannique la décora de la médaille Saint George, et le gouvernement français de la Croix de Guerre avec une étoile en or.

LADY DEATH, LA TIREUSE D'ÉLITE LA PLUS DANGEREUSE

Lyudmila Pavlichenko, mieux connue sous le nom de Lady Death, était une des tireuses d'élite les plus performantes de l'histoire.

Elle était femme soldat dans l'Armée rouge. Dans cette armée, les femmes combattaient aux côtés des hommes. Lyudmila tua 309 soldats lors de l'invasion nazie de l'Union soviétique. Mais après avoir été gravement blessée lors d'une explosion, elle se retira de l'armée.

Après son **rétablissement**, Lyudmila ne retourna pas au front. Elle devint un modèle et une ambassadrice de l'Armée rouge et de l'URSS. Elle voyagea partout dans le monde et rencontra des dirigeants importants pour faire la propagande de l'Union soviétique. Elle fut par exemple la première femme soviétique invitée à la Maison-Blanche par le président Franklin D. Roosevelt et son épouse, Eleanor Roosevelt. Elle reçut l'Étoile d'Or, médaille des héros de l'Union soviétique.

LA SOURIS BLANCHE, UNE RÉSISTANTE FRANÇAISE

Lorsque les Allemands envahirent la France en 1939, Nancy Wake et son mari rejoignirent la Résistance française.

Wake guida de nombreux aviateurs alliés pendant sa traversée des Pyrénées, alors qu'elle cherchait à se réfugier en Espagne. Mais en 1942, son groupe fut **dénoncé**, et elle dut s'enfuir en Grande-Bretagne.

Elle retourna ensuite en France pour rejoindre la Direction britannique des opérations spéciales. Elle participa à de nombreuses missions risquées : elle traversa le territoire ennemi pour transporter des messages à vélo, et rencontra des soldats allemands pour obtenir des informations. Elle faillit être arrêtée à plusieurs reprises, mais elle réussit toujours à s'échapper ou à tuer ses poursuivants. Après la guerre, elle reçut de nombreuses décorations militaires. Nancy Wake est morte à Londres le 7 août 2011, à l'âge de 98 ans.

LES FEMMES OUVRIÈRES

Pendant la Seconde Guerre mondiale, les économies étaient axées sur la production d'armes, de nourriture et de vêtements pour la guerre. Les pays avaient donc besoin de main-d'œuvre supplémentaire. La majorité des hommes étant au front, les femmes commencèrent à les remplacer et travailler dans les usines.

Beaucoup d'historiens considèrent que la Seconde Guerre mondiale joua un rôle décisif dans l'entrée des femmes sur le marché du travail. On estime qu'en 1945, plus de 36 % des emplois aux États-Unis étaient occupés par des femmes. À cette époque, beaucoup d'entre elles furent mieux payées et promues à des postes plus importants. Aux États-Unis, toutes les femmes contribuèrent, quels que soient leur race, leur couleur de peau ou leur âge. Beaucoup de femmes noires, amérindiennes ou âgées décrochèrent leur premier emploi rémunéré pendant la guerre. Grâce à ces ouvrières, les soldats pouvaient continuer à se battre au front.

Le saviez-vous ?

Pendant la Seconde Guerre mondiale, dans le Pacifique, des centaines de milliers de femmes furent réduites à l'esclavage sexuel par l'armée impériale japonaise. Ces esclaves sexuelles étaient censées réconforter les soldats avant et pendant la bataille. On les surnommait «femmes de réconfort».

Vocabulaire

inaperçu unnoticed
diffuser distribute, broadcast
parler couramment speak fluently
s'évader escape
(un) rétablissement recovery
dénoncer denounce

5.3. LE RÔLE DES AMÉRINDIENS DANS LA SECONDE GUERRE MONDIALE

- *Pendant la Première et la Deuxième Guerre mondiale, les Amérindiens servirent en tant que soldats.*
- *Ils contribuèrent principalement en transmettant des messages cryptés par radio.*
- *Les messages étaient transmis dans leur langue maternelle, pour que les ennemis ne les comprennent pas*

La contribution des Amérindiens pendant la guerre est ignorée dans les livres d'histoire. Ils jouèrent pourtant un rôle clé dans la transmission des messages secrets, à la fois pendant la Première et la Deuxième Guerre mondiale. Leurs contributions en tant que soldats-messagers spéciaux furent plus importantes pendant la Seconde Guerre mondiale.

Ce n'est qu'au 21e siècle que le Congrès des États-Unis **décerna** des décorations aux soldats amérindiens et reconnut publiquement leurs exploits militaires.

L'ESCOUADE CHOCTAW

Les Amérindiens participèrent pour la première fois à la Première Guerre mondiale à l'automne 1918, lors d'une des plus importantes offensives américaines, l'offensive Meuse-Argonne. Les Allemands avaient le dessus. Ils avaient mis sur écoute les lignes téléphoniques et avaient déchiffré les codes des messages.

La bataille semblait perdue. C'est à ce moment-là qu'un capitaine entendit deux soldats Choctaw parler entre eux. Il leur demanda quelle langue ils parlaient, et s'il y avait d'autres soldats qui la parlaient également. Plusieurs soldats qui parlaient le Choctaw commencèrent alors à **transmettre** les messages dans leur langue, avant de les traduire en anglais une fois arrivés à destination. La *Choctaw Telephone Squad* était née. C'était la première fois qu'une langue indigène était utilisée pour transmettre des messages militaires.

Les Indiens Choctaw, un peuple parlant le *Muskogee*, étaient originaires des rives du Yazoo, à l'ouest de la rivière Alabama dans le bassin du Mississippi. Certains Indiens Choctaw furent recrutés pendant la Première Guerre mondiale, et beaucoup d'entre eux participaient à l'offensive Meuse-Argonne

Grâce aux 19 soldats de la Choctaw Telephone Squad, les Américains pouvaient dorénavant transmettre des messages de manière totalement sécurisée. L'armée américaine put ainsi remporter la victoire, car les Allemands ne pouvaient plus comprendre les messages qu'ils écoutaient. La langue

Muskogee avait des sons très graves et lents. Les Allemands pensèrent donc que les Américains avaient inventé un appareil qui leur permettait de parler sous l'eau !

LES AMÉRINDIENS PENDANT LA DEUXIÈME GUERRE MONDIALE

Les Amérindiens contribuèrent à la Seconde Guerre mondiale en envoyant des messages codés de manière sécurisée. Les plus connus étaient les messagers Navajos et Comanches. À cette époque, le peuple Navajo comptait 30 000 membres, et 420 avaient comme fonction de transmettre des messages codés.

Au début de la guerre, les autres soldats doutaient de l'utilité des codes en navajo et en comanche. Ils méprisaient les langues indigènes, considérées « simplettes » et une preuve du « manque d'intelligence » des peuples indigènes. Les soldats navajos et comanches durent travailler dur pour prouver leur efficacité et l'importance du rôle qu'ils jouaient. Mais à la fin de la guerre, les commandants étaient très satisfaits de leur travail.

Des soldats amérindiens participèrent également à des batailles dans le Pacifique, notamment à Guadalcanal, Iwo Jima, Peleliu et Tarawa. Ils n'étaient pas seulement chargés de transmettre des messages cryptés, ils combattaient aussi l'ennemi sur le champ de bataille.

Après la guerre, les Amérindiens ne reçurent aucune **reconnaissance** pour leur travail en tant que transmetteurs de messages codés. Il était difficile pour le gouvernement américain de reconnaître que les langues qu'ils essayaient d'éliminer jouèrent un rôle majeur dans la victoire contre l'Axe. Par ailleurs, ils ne voulaient pas que cette stratégie (l'utilisation des langues indigènes pour envoyer des messages cryptés) devienne publique et ne soit reproduite par d'autres pays.

En 1989, le gouvernement français décerna l'Ordre national du Mérite aux messagers choctaw et comanche qui servirent pendant la Première et la Deuxième Guerre mondiale.

Le Congrès des États-Unis finit par reconnaître les radiodiffuseurs navajos et leur décerna des médailles d'argent en 2001. En 2008, le Congrès honora les messagers d'autres peuples autochtones. En 2013, le gouvernement tribal choctaw reçut la médaille d'or, la plus haute distinction civile aux États-Unis, pour la participation de certains de ses membres aux Guerres mondiales.

LA DIVERSITÉ DES PEUPLES AUTOCHTONES AMÉRICAINS

Les Choctaw, les Comanches et les Navajos ne sont pas les seules communautés autochtones d'Amérique du Nord. Il existe de nombreuses autres tribus amérindiennes. Les Choctaw, par exemple, appartiennent à ce qu'on appelle les « cinq tribus civilisées », un terme qui désigne les peuples Cherokee, Chickasaw, Choctaw, Creek et Ceminole.

Ce nom créé à l'époque coloniale désignait les peuples autochtones qui avaient adopté des coutumes occidentales, telles que l'acquisition d'esclaves ou de propriétés agricoles. Aujourd'hui, ce nom ayant une connotation raciste n'est plus utilisé.

Il existe actuellement plus de 570 tribus amérindiennes aux États-Unis. La moitié d'entre eux habitent dans des réserves indigènes. La population amérindienne s'élève à 4 millions d'habitants, dont 400 000 individus parlent encore l'une des 135 langues autochtones, dont le Choctaw.

Le saviez-vous ?

On confondait parfois les soldats amérindiens avec des soldats japonais, qui leur ressemblaient. Par conséquent, pour éviter des accidents, des commandants assignaient un garde du corps à chacun de leurs messagers amérindiens.

Vocabulaire

(la) langue maternelle mother tong
décerner award
transmettre convey, transfer, hand over
(la) reconnaissance recognition

5.4. LE RÔLE DES AFRO-AMÉRICAINS PENDANT LA SECONDE GUERRE MONDIALE

- *Les Afro-Américains servirent pendant toutes les guerres américaines.*
- *Ils effectuaient des travaux auxiliaires et combattaient dans les rangs inférieurs, et n'avaient pas le droit de mener des missions militaires.*
- *Cependant, pendant la Seconde Guerre mondiale, les soldats noirs combattirent pour la première fois aux côtés des soldats blancs.*
- *Durant ce conflit, les soldats noirs pouvaient prendre les commandes et accéder à des grades militaires égaux ou supérieurs à ceux des soldats blancs.*

Jusqu'à la Seconde Guerre mondiale, les soldats afro-américains ne servaient pas dans les mêmes troupes que leurs compatriotes blancs, et leurs conditions de travail étaient bien différentes.

LES AFRO-AMÉRICAINS DANS L'ARMÉE AMÉRICAINE

Les troupes afro-américaines étaient exclues de la marine et de l'armée de l'air, et étaient **restreintes** aux grades et fonctions militaires inférieurs. Il y avait aussi un quota qui limitait le nombre de soldats noirs enrôlés dans l'armée, pour éviter qu'ils ne soient plus nombreux que les soldats blancs.

Voici les raisons avancées pour ce traitement différent des Afro-Américains :

1. Cette séparation ethnique garantissait un environnement calme et stable au sein de l'armée.

2. Cela empêchait les Afro-Américains «peu éduqués» et non formés de rejoindre l'armée.

3. Les soldats noirs ne pouvaient pas rivaliser avec les soldats blancs. L'existence de troupes spécifiques afro-américaines était donc le seul moyen d'offrir aux Afro-Américains l'opportunité de monter en grade.

4. Aux États-Unis, l'opinion publique n'était pas favorable au partage de l'espace et à la cohabitation des Blancs et des Noirs.

Mais à partir de la Seconde Guerre mondiale, les deux ethnies commencèrent à se battre ensemble et au sein des mêmes troupes.

LES AFRO-AMÉRICAINS PENDANT LA DEUXIÈME GUERRE MONDIALE

Au début de la guerre, les troupes de soldats noirs n'étaient autorisées sur-le-champ de bataille que quand cela devenait vraiment nécessaire et quand il y avait beaucoup de pertes. Mais vers la fin de la Seconde Guerre mondiale, les soldats afro-américains étaient présents dans toutes les divisions de l'armée, y compris dans la marine et dans l'armée de l'air. Ils intervenaient quand beaucoup de soldats blancs étaient morts pendant la bataille.

Les militants pour les **droits** des Afro-américains considérèrent le début de la guerre comme une excellente opportunité de sensibiliser plus de secteurs sociaux et militaires. En juin 1941, le président Roosevelt signa le décret 8802, qui interdisait dans les organisations de défense américaines tout acte de discrimination fondé sur la race, **la croyance**, la couleur de la peau ou l'origine nationale. De plus, la Première Dame Eleanor Roosevelt reconnut que les soldats afro-américains étaient victimes de discrimination au sein de l'armée, et encouragea le changement de leurs conditions de travail.

Les troupes afro-américaines allèrent au front pour la première fois en 1944. Ils furent surtout présents lors de la bataille des Ardennes. L'armée américaine avait besoin de renforts pour remplacer les soldats blancs tués pendant la bataille. Des milliers de soldats afro-américains se portèrent volontaires. Ces soldats intervinrent au sein de leurs propres divisions afro-américaines. Mais c'était la première fois que des soldats noirs se battaient aux côtés de soldats blancs.

Quand les États-Unis entrèrent dans la Seconde Guerre mondiale, l'armée américaine comptait 97 725 soldats afro-américains. À la fin de 1942, ils étaient 467 833. Et à la fin de la guerre, on comptait un total de 909 000 soldats afro-américains ayant participé au conflit. Au début de la guerre, la plupart d'entre eux étaient dans des troupes de service et ne faisaient que s'occuper du ravitaillement, construire des routes, laver les uniformes, nettoyer et transporter les vivres. Mais à la fin de la guerre, ils avaient pu servir dans d'autres divisions, telles que la marine, l'armée de l'air et l'armée de terre. Le 24ᵉ régiment d'infanterie avait joué un rôle important dans la guerre du Pacifique. Le 92ᵉ régiment d'infanterie avait combattu en Europe. Et dans l'armée de l'air, des aviateurs afro-américains spécialisés avaient bombardé le territoire allemand.

La Seconde Guerre mondiale marqua donc le début de l'intégration raciale et ethnique au sein de l'armée américaine. Les soldats afro-américains qui servirent pendant la guerre partageaient le même enthousiasme et fournissaient autant d'efforts que les autres soldats. Il est vrai qu'après avoir combattu sur un sol étranger, ces soldats afro-américains devaient retourner vivre au sein d'une société raciste et divisée. Mais grâce à leur service pendant la guerre, la situation aux États-Unis se mit à évoluer vers une société qui intégrait mieux les différents groupes ethniques.

Le saviez-vous ?

Au début de la guerre, il y avait seulement 48 infirmières noires. Elles ne traitaient que des soldats afro-américains, et ne se mélangeaient pas avec les infirmières blanches. Mais à la fin de la guerre, elles étaient 500, et toutes les infirmières travaillaient ensemble, quelle que soit leur couleur de peau.

Vocabulaire

restreint limited, restricted
(le) droit right
(la) croyance belief
(une) infirmière nurse

5.5. LES JAPONAIS RÉSIDANT AUX ÉTATS-UNIS ET AU MEXIQUE

- *Après l'entrée des États-Unis dans la Seconde Guerre mondiale, les Japonais résidant en Amérique commencèrent à être traités en ennemis.*
- *Un conflit interne s'ensuivit, car tous les Japonais étaient traités en ennemis.*
- *Ces Japonais furent enfermés dans des camps de concentration et leurs biens furent confisqués.*

Après la guerre contre la Chine à la fin du XIXe siècle et la guerre contre la Russie au début du XXe siècle, beaucoup de Japonais émigrèrent aux États-Unis, au Canada et en Amérique latine à la recherche d'une meilleure qualité de vie. En 1939, juste avant la Seconde Guerre mondiale, 700 000 Japonais résidaient dans le continent américain. Il y avait 440 000 Japonais aux États-Unis et 250 000 en Amérique latine.

Ces immigrants étaient généralement intégrés dans la société et menaient une vie tout à fait normale. Beaucoup avaient leurs propres entreprises, parlaient la langue locale (l'espagnol, l'anglais ou le portugais) et avaient eu des enfants et des petits-enfants dans les pays où ils habitaient.

Quand les États-Unis déclarèrent la guerre au Japon après l'attaque de Pearl Harbor, ils déclarèrent aussi une guerre interne contre les Japonais vivant sur le sol américain. Les États-Unis et d'autres pays d'Amérique, comme le Canada ou le Mexique, se mirent à traiter les Japonais en ennemis.

LES JAPONAIS RÉSIDANT DANS LE CONTINENT AMÉRICAIN PENDANT LA GUERRE

Beaucoup de pays américains comme le Mexique et les États-Unis retirèrent **la nationalité** aux Japonais et à leurs familles. Certains furent expulsés vers le Japon, placés dans des camps de concentration, ou eurent leurs biens confisqués. La vie des immigrants japonais résidant en Amérique avait radicalement changé.

Ces Japonais furent soumis à ce traitement hostile pour plusieurs raisons : le gouvernement américain les considérait comme des espions et des ennemis potentiels, qui pouvaient à tout moment attaquer les États-Unis et les pays d'Amérique latine qui les soutenaient. Ils étaient même suspectés de saboter les réservoirs d'eau, et d'empoisonner l'eau potable et la nourriture. Après Pearl Harbor, on pensait également que les Japonais prévoyaient d'attaquer la côte ouest des États-Unis et du Mexique.

Après l'attaque de Pearl Harbor, près de 2 200 Japonais accusés de faire partie d'**un réseau** d'espionnage furent arrêtés aux États-Unis. Ces accusations ne furent jamais prouvées. Les autres Japonais furent envoyés dans des camps de concentration éparpillés dans le pays. Ils y restèrent tout le temps que les États-Unis étaient en guerre. Près de 19 000 Américains d'origine japonaise furent emprisonnés dans le plus grand camp de concentration des États-Unis, Tule Lake, en Californie.

Au Mexique, les Japonais ne furent pas emprisonnés dans des camps de concentration. Ils étaient en revanche contraints d'habiter dans les principales villes du pays pour pouvoir être **surveillés**. Il leur était interdit de vivre sur la côte ou dans les territoires frontaliers. Tous leurs biens furent confisqués. Le gouvernement prit possession de nombreux commerces, entreprises, et maisons ayant appartenu à des immigrants japonais.

LES CONSÉQUENCES

Après la victoire des Alliés, beaucoup de citoyens d'origine japonaise **poursuivirent en justice** le gouvernement des États-Unis : Ils étaient citoyens américains, et pourtant, leurs biens avaient été confisqués et ils avaient eux-mêmes été emprisonnés dans des camps de concentration. Ils eurent gain de cause, furent compensés, et reçurent des excuses publiques pour toutes les injustices qu'ils avaient subies pendant la guerre. Cependant, personne ne porta plainte contre le gouvernement mexicain, et celui-ci ne présenta aucune excuse pour les pertes économiques des Japonais résidant sur son territoire à l'époque de la guerre.

Le saviez-vous ?

L'emprisonnement des Japonais dans les camps de concentration aux États-Unis fut différent dans chaque État. Cela dépendait du nombre d'immigrants japonais résidant dans chaque région. À Hawaï, par exemple, plus d'un tiers de la population était d'origine japonaise ; seuls 1 500 d'entre eux furent emprisonnés pour éviter d'impacter l'économie locale.

Vocabulaire

(la) nationalité citizenship
(un) réseau network
surveiller watch
poursuivre en justice sue

5.6. LES PRISONNIERS DE GUERRE

- *Des prisonniers de guerre sont des soldats capturés par l'ennemi lors d'un conflit armé.*
- *Il peut aussi s'agir de membres d'un groupe armé ou de civils combattant l'ennemi.*
- *Pendant la Seconde Guerre mondiale, il y eut un grand nombre de prisonniers de guerre des deux côtés.*

DÉFINITION D'UN « PRISONNIER DE GUERRE »

Le terme de « prisonnier de guerre » est un concept relativement récent dans l'histoire humaine. **Autrefois**, les ennemis vaincus étaient soit tués, soit réduits en esclavage. Cela concernait à la fois les soldats, les femmes, les enfants et les personnes âgées.

Au Moyen Âge, les peuples vaincus commençaient à être mieux traités. Les vainqueurs essayaient d'intégrer quelques individus des peuples vaincus dans la société en les faisant travailler comme paysans, mais beaucoup d'autres étaient tués.

À partir du XIXe siècle, les pays occidentaux commencèrent à traiter les prisonniers avec plus de dignité. On essaya

à plusieurs reprises de rédiger des traités qui régulaient le traitement des prisonniers de guerre dans les pays signataires. Le Traité de La Haye (1899) et la Convention de Genève (1864) en sont deux exemples.

Malgré les bonnes intentions qui avaient mené à leur création, ces traités ne furent pas vraiment appliqués, car aucune institution n'avait été formée pour veiller à leur application. Ces traités furent souvent ignorés pendant la guerre civile américaine (1861-1865), la guerre franco-allemande (1870-1871) et la Première Guerre mondiale (1914-1918) : les vaincus ne furent pas traités comme des esclaves, mais beaucoup d'entre eux furent **emprisonnés** après les batailles, et certains même torturés, tués, ou contraints aux travaux forcés.

LES PRISONNIERS DE GUERRE DE LA SECONDE GUERRE MONDIALE

Parmi les millions de prisonniers de guerre de la Seconde Guerre mondiale, certains furent traités dignement, mais d'autres furent traités de manière inhumaine.

Les États-Unis et la Grande-Bretagne respectèrent les traités de La Haye et de Genève et traitèrent leurs prisonniers en conséquence. Il y eut quand même des exceptions, car après la fin du conflit, de nombreux prisonniers poursuivirent ces gouvernements pour mauvais traitements et torture.

L'Allemagne, quant à elle, traitait ses prisonniers de guerre en fonction de leur origine. Les Britanniques, Français et Américains étaient relativement bien traités. Mais ce n'était pas le cas des Polonais et des citoyens des pays de l'Est, dont beaucoup furent systématiquement tués. Sur près de six millions de soldats soviétiques **détenus** par l'Allemagne, beaucoup sont morts de faim, et seuls deux millions survécurent.

En représailles, l'Union soviétique captura 3,4 millions de prisonniers allemands. Des milliers d'entre eux furent envoyés dans des camps de travail, appelés *goulags*, où beaucoup perdirent la vie à cause de l'excès de travail, de la malnutrition et des conditions météorologiques extrêmes. Les Soviétiques construisirent 300 camps de concentration répartis dans le pays, où ils placèrent les prisonniers des pays de l'Axe : des Allemands, des Italiens, des Roumains, des Hongrois, des Finlandais, des Croates et des Suédois. Beaucoup d'entre eux furent contraints au travail forcé, construisirent des maisons, des ponts et **des barrages**. Seuls 15 % des prisonniers détenus par l'Union soviétique avaient survécu à la fin de la guerre. Beaucoup d'entre eux étaient morts à cause des hivers extrêmes et du **manque** de nourriture, de vêtements et de logement adéquats.

L'armée japonaise traita aussi très durement les prisonniers américains, chinois, britanniques et australiens. Seuls 60 % des prisonniers de guerre détenus par les Japonais survécurent. Après la fin de la guerre, Peter Lee, soldat de la Royal Air Force britannique, raconta son expérience en tant que prisonnier de guerre des Japonais. Ils étaient mal nourris, souffraient de diverses maladies et étaient violemment battus Les Japonais avaient mis Peter et ses compagnons au travail forcé pour construire un aéroport à Bornéo, et ils étaient battus s'ils ne travaillaient pas assez vite.

LA RÉVISION DE LA CONVENTION DE GENÈVE

Après la Seconde Guerre mondiale, la Convention de Genève fut révisée. Beaucoup avaient été faits prisonniers tout au long de la guerre, et plusieurs d'entre eux avaient subi de mauvais traitements. La Convention de Genève stipulait que :

1. Les prisonniers devaient être déplacés du front et transférés dans un lieu sûr, et leurs nationalités ne pouvaient pas leur être retirées.

2. La définition de «prisonnier de guerre» fut **élargie** et incluait les membres des milices et des bandes armées, les volontaires civils, les résistants, les messagers et les civils qui servirent en tant qu'auxiliaires des soldats.

3. Pendant un conflit armé, les prisonniers pouvaient être renvoyés dans leur pays d'origine ou dans un pays neutre pour être surveillés.

4. À la fin de la guerre, les prisonniers devaient être libérés et assistés pour retourner dans leur pays d'origine le plus rapidement possible, sauf dans le cas des soldats ou civils qui devaient être jugés pour crimes de guerre.

> *Le saviez-vous ?*
>
> *L'unité 371 de l'armée impériale japonaise mena des expérimentations biologiques sur ses prisonniers de guerre et ses civils détenus. À la fin de la guerre, plus d'un demi-million de personnes étaient mortes en Asie à cause de la guerre biologique japonaise.*

Vocabulaire

autrefois previously, once
à plusieurs reprises many times
emprisonné, détenu imprisonned
(un) barrage dam
(le) manque shortage
élargi expanded

6. LA FIN DE LA GUERRE

Des troupes américaines s'approchant de «la plage d'Omah», en Normandie, le jour J (photo sur goodfreephotos.com)

La Seconde Guerre mondiale eut deux **fins**, une en Europe et une en Asie-Pacifique. Le 30 avril 1945, les Soviétiques prirent le contrôle de la Chancellerie et du Parlement allemands. Le même jour, Hitler se suicida dans son bunker. Cette date du 30 avril entra dans l'histoire et devint connue sous le nom du «Jour de la Victoire en Europe» («*Victory in Europe Day*» ou V-E day). Les Japonais, quant à eux, se rendirent le 2 septembre 1945 dans la baie de Tokyo, après le double bombardement nucléaire sur leur territoire. Ce jour est surnommé Jour de la Victoire au Japon (« *Victory in Japan Day* » ou « *V-J day* »).

Les effets de la guerre furent **ressentis** dans le monde entier. L'ordre mondial changea entièrement : les anciennes puissances européennes (l'Italie, l'Allemagne, la France et la Grande-Bretagne) avaient perdu de leur pouvoir, et deux nouvelles puissances mondiales **avaient vu le jour** : les États-Unis et l'Union soviétique. Ces deux superpuissances furent en conflit économique et politique tout au long du XXe siècle : la guerre froide. La guerre froide fut une succession d'attaques diplomatiques et médiatiques au cours desquelles s'affrontaient les idéaux capitalistes des États-Unis et les idées communistes de l'Union soviétique.

Les conséquences de la Seconde Guerre mondiale ne furent pas seulement politiques et économiques. Cette guerre permit aussi le développement de nouvelles technologies très utilisées aujourd'hui, dans le domaine de la conservation des aliments par exemple, ou encore dans l'aviation.

Après la Seconde Guerre mondiale, les criminels de guerre furent traduits en justice et condamnés. Les procès les plus célèbres sont les procès de Nuremberg et de Tokyo.

Dans la section suivante, nous examinerons comment la Seconde Guerre mondiale se termina sur ses deux fronts, et quelle influence elle eut sur le reste de l'histoire du XXe siècle.

Vocabulaire

(une) fin ending, end
ressenti felt
voir le jour emerge

6.1. LA FIN DE LA GUERRE : LE JOUR DE LA VICTOIRE EN EUROPE, ET LE JOUR DE LA VICTOIRE AU JAPON

- *La Seconde Guerre mondiale s'était déroulée sur deux fronts principaux, un en Europe et l'autre dans le Pacifique.*
- *La victoire en Europe (V-E Day) fut obtenue grâce à une suite d'offensives alliées contre l'Allemagne, sur les fronts ouest et est.*
- *La victoire au Japon (V-J Day) fut obtenue après l'attaque nucléaire américaine. Ces bombardements forcèrent l'empereur à se rendre.*

LA VICTOIRE EN EUROPE (V-E DAY)

À partir de la seconde moitié de 1944, l'Allemagne fut attaquée sur deux fronts. Les troupes américaines et britanniques les attaquaient à l'ouest, les troupes soviétiques à l'est. Une course s'engagea alors entre les armées alliées, pour voir qui arriverait en premier à Berlin.

En décembre 1944, Hitler **lança** une grande offensive contre le front occidental dans les Ardennes, en France. Hitler voulait diviser en deux le front et affronter les Américains et les Britanniques afin de les affaiblir. Cette bataille retarda effectivement les Américains et les Britanniques, mais ils continuèrent d'avancer vers la capitale allemande. Hitler **avait** tout **misé** dans cette attaque, et l'Allemagne perdit 250 000 hommes et 600 chars.

En janvier 1945, les troupes soviétiques **atteignirent** le fleuve Oder, à 80 kilomètres de Berlin. Les troupes allemandes résistèrent aussi longtemps que possible pour permettre aux Berlinois de fuir l'Allemagne de l'Ouest, sous contrôle britannique et américain.

En février 1945, les forces aériennes américaines et britanniques bombardèrent Dresde et d'autres villes allemandes. Ces attaques contribuèrent à maintenir l'avancée des Alliés en territoire allemand. Beaucoup de villes furent totalement détruites et environ 70 000 personnes sont mortes.

Même si Berlin était désormais cernée, Hitler interdit aux civils et aux soldats de s'enfuir. Il ordonna aux personnes âgées et aux adolescents de rejoindre l'armée pour défendre la capitale. Environ 50 000 soldats, dont 40 000 personnes âgées et adolescents, affrontèrent 450 000 soldats soviétiques. En avril, la ville tombait aux mains des Soviétiques.

Le 22 avril, Hitler réalisa que la bataille était perdue et que personne n'allait le secourir. Il décida alors de rester à Berlin et de se suicider. Il mourut le 30 avril 1945, le jour même où les troupes soviétiques s'emparèrent du Parlement allemand et de la Chancellerie. Il avait 56 ans. La capitulation allemande fut officiellement annoncée au monde le 8 et le 9 mai.

LA VICTOIRE AU JAPON (V-J DAY)

Malgré la capitulation de l'Allemagne, les Japonais continuèrent de résister en défendant leur territoire et en attaquant les Alliés en Asie-Pacifique. Les troupes japonaises avaient de moins en moins de ressources et d'armes. Ils continuèrent toutefois à **tenir tête à** l'ennemi. Mais les Japonais perdirent l'île d'Iwo Jima, conquise par les Américains. La menace des Alliés se rapprochait.

Les États-Unis avançaient très lentement dans le Pacifique, et les armées rivales perdaient beaucoup de soldats. Le président des États-Unis décida alors d'utiliser sur le front une bombe récemment développée : la bombe atomique.

En 1939, grâce à des expériences menées par les Allemands, des scientifiques américains s'étaient rendus compte de la capacité destructrice d'une fission nucléaire. La même année, Albert Einstein mettait en garde contre les dangers de la création d'une bombe nucléaire. En 1941, la première bombe nucléaire fut développée dans le cadre du projet Manhattan. Ce projet fut dirigé par le général de division Leslie Groves du *United States Army Corps of Engineers* et le physicien nucléaire Robert Oppenheimer, directeur du laboratoire de Los Alamos. C'est ce groupe de spécialistes qui **conçut** les bombes nucléaires grâce auxquelles la guerre contre le Japon fut remportée. Quatre ans plus tard, le 16 juillet 1945, cette bombe fut testée à Alamogordo, au Nouveau-Mexique.

Le 6 août 1945, la première bombe nucléaire fut larguée sur la ville d'Hiroshima, au Japon. Plus de 50 000 personnes sont mortes sur le coup. À la fin de l'année, on comptait 100 000 victimes des conséquences radioactives de la bombe. Le 8 août, l'Union soviétique déclara la guerre au Japon et envahit la Mandchourie et la Corée, deux territoires sous contrôle japonais.

Comme le Japon ne se rendait toujours pas, les États-Unis larguèrent une seconde bombe atomique à Nagasaki, le 9 août 1945. Plus de 40 000 personnes sont mortes de l'explosion. Le gouvernement japonais signa la déclaration de capitulation le 2 septembre 1945 dans la baie de Tokyo.

Le saviez-vous ?

Les bombes nucléaires utilisées au Japon avaient une puissance équivalente à 15 000 tonnes de TNT.

Vocabulaire

lancer launch
miser stake, bet
atteindre reach
tenir tête à quelqu'un resist somebody
concevoir design

6.2. LES EFFETS DE LA GUERRE

- *La Seconde Guerre mondiale marqua un avant et un après dans l'histoire mondiale.*
- *Après la guerre, l'Europe avait perdu de sa puissance économique et politique. L'URSS et les États-Unis, quant à eux, devinrent des puissances mondiales.*
- *La production de masse d'armes atomiques commença, et l'Organisation des Nations Unies, l'ONU, fut créée pour prévenir une autre guerre mondiale.*

L'ORIGINE DES DEUX SUPERPUISSANCES DE LA RUSSIE ET DES ÉTATS-UNIS

Les effets économiques de la Seconde Guerre mondiale commencèrent à se faire sentir en Europe après la fin du conflit.

Avant la guerre, l'Allemagne, l'Italie, la France et la Grande-Bretagne étaient les puissances mondiales. Mais ces pays étaient considérablement affaiblis après le conflit. L'Allemagne était divisée et totalement détruite, la France et l'Italie étaient **en faillite** et la Grande-Bretagne avait d'énormes **dettes** envers les États-Unis. En Europe, plusieurs grandes villes, industries, chemins de fer et routes avaient été complètement démolis.

On estime que l'Europe avait perdu près de 50 % de son secteur industriel à la fin de la guerre.

Le secteur agricole **subit** également des conséquences désastreuses, car des milliers de fermes et de champs furent détruits, ce qui entraîna des famines dans toute l'Europe.

Le seul secteur industriel qui avait bénéficié de la guerre était **l'armement**. Les États-Unis et l'Union soviétique étaient les deux pays qui avaient le plus augmenté leurs **revenus** grâce à la vente de matériel de guerre.

À la fin de la guerre, les États-Unis étaient la plus grande puissance économique et militaire. C'était le seul pays à avoir augmenté sa production industrielle, car il avait vendu beaucoup de produits à l'Europe pendant le conflit. En 1945, les États-Unis contrôlaient plus de la moitié des réserves d'or mondiales. Ils avaient aussi la plus grande force aérienne au monde. De plus, ayant été les premiers à développer la bombe atomique, c'était le pays à en avoir le plus grand nombre.

L'Union soviétique, **en revanche**, ressortit de la Seconde Guerre mondiale quelque peu plus affaiblie. Malgré son industrie forte, son vaste territoire et ses nombreux habitants, ses forces économique et militaire avaient souffert du conflit. Leur armée était néanmoins encore la plus grande du monde. En 1949, les Soviétiques construisirent leur première bombe atomique. Les États-Unis n'avaient donc plus le monopole de l'énergie nucléaire dans le monde.

LA FORMATION DE L'ORGANISATION DES NATIONS UNIES

Tout au long de la Seconde Guerre mondiale, plusieurs conférences avaient eu pour objectif de créer une organisation chargée de maintenir la paix mondiale. L'Organisation des Nations Unies, l'ONU, vit le jour. Elle devait remplacer la Société des Nations.

L'ONU existe depuis 1945, lorsque la Charte des Nations Unies fut signée à San Francisco en octobre de la même année. Les principaux objectifs de l'ONU sont les suivants :

- Maintenir la paix mondiale et prévenir les guerres.

- Promouvoir le progrès économique, éducatif, scientifique et culturel dans le monde, et plus particulièrement dans les pays en développement.

- Défendre les droits de la personne des individus, peuples et nations.

- L'ONU compte plusieurs commissions et organisations spécialisées dans le traitement de sujets spécifiques, tels que :

- La Commission des droits de l'homme, chargée de veiller au respect des droits fondamentaux de tous les êtres humains.

- L'Organisation internationale du Travail (OIT), chargée d'améliorer les conditions de travail dans le monde. Cette organisation a pour mission de garantir des salaires décents, des journées de travail de huit heures, la formation de syndicats et l'accès à la sécurité sociale universelle.

- L'Organisation mondiale de la santé (OMS), qui a pour mission d'assurer l'accès aux services de santé dans le monde entier. Elle promeut la lutte contre les maladies dans le monde, organise des campagnes de vaccination et finance la recherche médicale.

- L'Organisation des Nations Unies pour l'alimentation et l'agriculture (FAO) se concentre sur la production agricole et cherche à éradiquer la faim dans le monde.

- L'Organisation des Nations Unies pour l'éducation, la science et la culture (UNESCO) est chargée de promouvoir l'alphabétisation à l'échelle mondiale, la production scientifique et artistique, et la coopération artistique et culturelle entre les pays.

D'AUTRES EFFETS DE LA SECONDE GUERRE MONDIALE

Une des conséquences les plus dangereuses de la Seconde Guerre mondiale fut la fabrication d'armes nucléaires à grande échelle. Certains pays, comme l'URSS ou les États-Unis, produisirent un grand nombre de bombes nucléaires pour intimider d'éventuels ennemis. Dans la seconde moitié du XXe siècle, le monde se trouvait constamment sous la menace d'une guerre nucléaire. Et même si des traités de dénucléarisation furent signés, les puissances internationales menacent toujours d'utiliser et de développer davantage **l'armement** nucléaire.

L'indépendance de nombreux pays fut un autre résultat de la Seconde Guerre mondiale. Les colonies asiatiques de la Grande-Bretagne, de la Hollande et de la France **revendiquèrent** en premier leur indépendance. Ayant passé des années à repousser les attaques et les invasions japonaises, elles ne voulaient plus être soumises aux pays européens. Les mouvements pour l'indépendance s'intensifièrent également en Afrique et au Moyen-Orient. Beaucoup de nouveaux états y virent le jour entre les années 50 et 70.

Le saviez-vous ?

La Malaisie, Singapour, la Birmanie (Myanmar), l'Indochine française (aujourd'hui le Vietnam, le Laos et le Cambodge) et les Antilles néerlandaises (Indonésie) sont parmi les états qui sont devenus indépendants après la Seconde Guerre mondiale.

Vocabulaire

en faillite in bankrupt
(une) dette a debt
subir suffer, undergo
(l') armement weaponry
(les) revenus income
(en) revanche however
revendiquer claim

6.3 LE PROCÈS DE NUREMBERG

- *Le procès de Nuremberg fut tenu dans la ville allemande du même nom, après la Seconde Guerre mondiale.*
- *Au cours de ce procès, on jugea les dirigeants nazis qui avaient commis des crimes de guerre.*
- *Il y eut plusieurs autres procès similaires, comme celui de Tokyo, au Japonn.*

LE PROCÈS DE NUREMBERG

Pendant la Seconde Guerre mondiale, les Alliés avaient annoncé qu'ils puniraient les criminels de guerre nazis une fois le conflit terminé.

Le 17 décembre 1942, les Alliés déclaraient pour la première fois leur intention de punir les responsables du **massacre** de Juifs. En octobre 1943, Churchill, Roosevelt et Staline signèrent la déclaration de Moscou, qui garantissait qu'après la guerre, les criminels de guerre seraient envoyés dans les pays où ils avaient commis des crimes pour y être jugés.

Le Tribunal militaire international tint le procès de Nuremberg, en Allemagne, entre le 18 octobre 1945 et le 1er octobre 1946. Vingt-deux personnes étaient accusées de

complot, de violation des droits de la guerre et de crimes contre l'humanité, entre autres. La plupart des accusés admirent ces crimes, mais déclarèrent qu'ils ne faisaient qu'exécuter les ordres que leurs supérieurs leur avaient donnés.

Sur les 22 accusés, 12 étaient directement **impliqués** dans l'extermination systématique de Juifs et de prisonniers de guerre. Ils furent condamnés à mort. Trois accusés furent condamnés à la prison à perpétuité, et 4 autres à des peines de prison allant de 10 à 20 ans. C'était des **fonctionnaires** haut placés et des hommes d'affaires indirectement impliqués dans l'extermination des prisonniers, accusés de les avoir contraints au travail forcé. Trois accusés furent **graciés**.

LES AUTRES PROCÈS APRÈS CELUI DE NUREMBERG

Après le procès de Nuremberg, une loi fut adoptée pour entreprendre d'autres procès de criminels nazis **ailleurs** qu'en Allemagne. Le général américain Telford Taylor fut nommé procureur général pour ces affaires.

Ces procès se déroulèrent partout dans le monde : en Grande-Bretagne, aux États-Unis, en France, en Italie, en Union soviétique et en Autriche. Les accusés étaient des fonctionnaires nazis de second rang, comme les gardes, les commandants de camp, les policiers, les membres de la SS, ou les médecins qui avaient mené des expériences sur des êtres humains.

Aux États-Unis, 183 accusés furent jugés au cours de 12 procès. Parmi ces accusés, 12 furent condamnés à mort, 8 à perpétuité, 77 à une peine de prison, et les autres graciés. En 1947, les tribunaux polonais condamnèrent à mort Rudolf Höss, le commandant d'Auschwitz, l'un des plus grands camps de concentration construits par les nazis où au moins 1,1 million de Juifs perdirent la vie.

Des chasseurs de nazis, comme Beate Klarsfeld et Simon Wiesenthal, se mirent à traquer les responsables nazis qui avaient fui l'Europe. Wiesenthal trouva, extrada et fit juger Adolf Eichmann, chargé de la logistique de la « Solution finale » et l'un des principaux responsables de l'extermination massive de Juifs, qui s'était enfui en Argentine après la guerre. Son procès eut lieu à Jérusalem, et il fut condamné à mort en 1962.

LES PROCÈS DE TOKYO

Des procès de criminels de guerre japonais eurent également lieu au Japon. Parmi les 45 accusés, 27 furent condamnés à mort, 16 à la prison à perpétuité et deux à des peines de prison courtes.

Mais les accusés condamnés à la prison à perpétuité furent **graciés** en 1958. Le gouvernement japonais estimait que ces soldats ne méritaient pas une peine à perpétuité, car ils ne faisaient que défendre les intérêts de la nation.

Le saviez-vous ?

Pendant le procès de Nuremberg, Rudolf Höss essaya de faire croire qu'il était atteint de folie pour échapper aux accusations. Mais sa tactique échoua. De plus, il corrigea le juge en précisant que seulement deux millions et demi de Juifs avaient été tués à Auschwitz, et non trois millions, car les autres étaient morts de faim et d'épuisement, disait-il.

Vocabulaire

(le) massacre massacre, killing
(un) complot conspiracy
impliqué involved
(un) fonctionnaire public or civil servant, official
gracié pardoned
ailleurs elsewhere
(un) chasseur hunter

6.4. LES PROGRÈS TECHNOLOGIQUES RÉALISÉS PENDANT LA GUERRE

- *Pendant la Seconde Guerre mondiale, beaucoup de progrès technologiques furent réalisés pour surpasser l'ennemi.*
- *Les armes et les technologies de stockage des aliments furent améliorées.*
- *Aujourd'hui, bon nombre de ces progrès technologiques font partie de notre quotidien.*

LE « SPREAD SPECTRUM » DES ÉTATS-UNIS

Les États-Unis savaient qu'ils ne pouvaient gagner la Seconde Guerre mondiale qu'en développant de nouveaux systèmes d'armement et de télécommunications. Ils encouragèrent donc le développement de nouvelles technologies dans ces domaines. Hedy Lamarr et George Antheil inventèrent le « Secret Communication System », connu aujourd'hui sous le nom de « technique d'étalement de spectre ».

Ce système de communication transmettait de manière sécurisée et efficace des messages sur des fréquences différentes. Jusqu'aux années 1960, cette technologie n'était utilisée que dans l'armée, car elle coûtait très cher. Elle fut utilisée pour la première fois dans la fabrication de **torpilles** guidées que les ennemis ne pouvaient pas détecter.

Les concepteurs de la technique d'étalement de spectre travaillaient à Hollywood. Hedy Lamarr était une actrice célèbre, et George Antheil un pianiste de cinéma. Leur technologie est utilisée aujourd'hui dans les systèmes de télécommunications tels que le Bluetooth, le GPS ou le Wi-Fi. Lamarr et Antheil furent intronisés au Temple de la renommée des inventeurs en 2014.

LE DÉCRYPTAGE D'ENIGMA

Pendant la guerre, les Allemands transmettaient leurs messages codés via une machine de cryptage appelée Enigma. Toutes les machines Enigma étaient configurées pour que les messages soient transmis de manière totalement sécurisée. Les Alliés pouvaient capter ces messages, mais ils n'arrivaient pas à les lire. Tout au long de la Seconde Guerre mondiale, ils essayèrent de les **décoder** pour dévoiler les plans et les stratégies militaires allemands.

Pour **décrypter** Enigma, les Alliés firent appel aux esprits les plus brillants de Pologne, de France et de Grande-Bretagne. Beaucoup étaient même les meilleurs mathématiciens, statisticiens et cryptographes au monde. L'un d'entre eux, Alan Turing, mit au point une autre machine capable de décoder les messages d'Enigma. Surnommée « la Bombe », elle fut un précurseur des ordinateurs modernes. Alan

Turing consacra toute sa vie au développement d'une machine universelle à usage commun, un prototype des ordinateurs utilisés aujourd'hui.

LES CABINES PRESSURISÉES DES AVIONS

L'aviation était un des secteurs qui se développa le plus pendant la Seconde Guerre mondiale. Les deux camps rivaux se concentrèrent sur l'amélioration et le développement de nouveaux modèles d'avions, car ils étaient convaincus que la guerre ne pouvait être remportée que grâce à l'aviation.

Une des avancées technologiques fut **la cabine** pressurisée. Les pilotes et les membres de l'équipage devaient jusqu'alors porter des masques à oxygène. Pour s'en passer, on mit au point un avion entièrement scellé qui empêchait l'air de s'échapper. Ses fenêtres étaient plus petites et les cabines étaient pressurisées.

L'armée de l'air américaine commença à développer cette technologie en 1937. Elle fut utilisée dans les bombardiers *B-29 Superfortress* construits par la société Boeing. Ces avions avaient des compartiments pressurisés pour les pilotes et les passagers. Les soldats et les pilotes voyageaient désormais plus confortablement et en toute sécurité.

LES AUTRES INVENTIONS

Beaucoup d'autres produits, couramment utilisés aujourd'hui, furent développés pendant la Seconde Guerre mondiale. Ces inventions incluent des armes de destruction massive comme les bombes atomiques, **les conserves**, les M&M's, les ultrasons, les serviettes hygiéniques, les lunettes de soleil... La pénicilline fut aussi plus largement utilisée pendant la Seconde Guerre mondiale.

> *Le saviez-vous ?*
>
> *Anciennement actrice, Hedy Lamarr fut la première femme à remporter « l'Oscar » des inventeurs, le « BULBIE Gnass Spirit of Achievement ». Elle fut récompensée en 2017 pour toutes ses inventions, dont la technologie du « Scattered Spectrum ».*

Vocabulaire

(une) torpille torpedo
décoder, le décryptage decoding, decryption
(la) cabine d'avion aircraft cabin
(les) conserves canned food, tins

6.5. LA CONTINUATION DU CONFLIT PENDANT LA GUERRE FROIDE

- *Après la Seconde Guerre mondiale, le conflit entre les États-Unis et l'Union soviétique s'intensifia.*
- *Ils ne se déclarèrent jamais la guerre, mais ils entamèrent une nouvelle forme de conflit surnommée la guerre froide.*
- *Cette guerre d'attaques indirectes, médiatiques, économiques et politiques entre les deux superpuissances dura de 1945 à 1991.*

LE BLOC COMMUNISTE ET LE BLOC CAPITALISTE

À la Seconde Guerre mondiale, le monde était divisé en deux grands blocs idéologiquement opposés : le bloc capitaliste des États-Unis, et le bloc communiste de l'Union soviétique.

Entre 1945 et 1948, les États-Unis et l'Union soviétique s'entourèrent d'alliés. Les blocs suivants virent le jour :

1. Le bloc occidental ou capitaliste dont les membres principaux étaient des pays d'Europe de l'Ouest, le Canada, l'Australie, la Nouvelle-Zélande, la Turquie et le Japon. En 1949, ils formèrent une alliance militaire : l'Alliance de l'Atlantique Nord ou OTAN.

2. Le bloc oriental ou communiste, composé de pays d'Europe de l'Est comme la Pologne, la Hongrie, la Roumanie, la Bulgarie, la Yougoslavie, l'Albanie, la Tchécoslovaquie et l'Allemagne de l'Est. La Corée du Nord et la Chine rejoignirent ce bloc après avoir adopté un gouvernement communiste. En 1945, ils établirent l'alliance militaire du Pacte de Varsovie.

Les deux blocs avaient des systèmes économiques, politiques et sociaux complètement opposés. Le système capitaliste se fonde sur la création du **bien-être** économique par la propriété privée et le marché libre. Le système communiste, en revanche, met l'accent sur la propriété collective et le partage des **richesses**.

LE DÉBUT DE LA GUERRE FROIDE

Le début de la guerre froide fut marqué par l'engagement des blocs communiste et capitaliste dans des politiques expansionnistes.

Grâce à la doctrine Truman et au plan Marshall, les États-Unis accrurent leur influence économique et politique en Europe après la Seconde Guerre mondiale. La doctrine Truman consistait à soutenir les pays menacés par la montée du communisme. C'est pour cette raison que les États-Unis fournirent à la Grèce et à la Turquie des armes et de l'argent pour se défendre contre la pression de l'Union soviétique.

Le plan Marshall, quant à lui, offrait le soutien américain à l'Europe de l'Ouest pour **se remettre** de la crise économique générée par la guerre. En quatre ans, les États-Unis accordèrent des **prêts** s'élevant à 13 milliards de dollars à différents pays européens pour les aider à reconstruire leur industrie et leur agriculture.

Comme ils avaient reçu cette aide économique de la part des États-Unis, les pays européens soutinrent les décisions américaines dans les instances internationales telles que l'OTAN et l'ONU.

Par ailleurs, l'Union soviétique avait perdu beaucoup de ressources et d'alliés pendant la Seconde Guerre mondiale. Elle fit donc en sorte de s'assurer l'amitié des pays voisins, principalement les pays d'Europe de l'Est. Certains choisirent d'adopter le communisme, mais d'autres y furent contraints.

LES CRISES DE LA GUERRE FROIDE

La première crise de la guerre froide eut lieu lorsque **les vainqueurs** de la Seconde Guerre mondiale divisèrent l'Allemagne et sa capitale, Berlin, en quatre zones. Les trois zones occidentales appartenaient à la France, aux États-Unis et à la Grande-Bretagne, et la zone orientale appartenait à l'Union soviétique. Le contraste entre l'Allemagne de l'Ouest et l'Allemagne de l'Est était très grand. L'Allemagne de l'Ouest reçut une aide économique, tandis que l'Allemagne de l'Est fut contrainte de payer sa dette envers l'Union soviétique.

Les États-Unis voulaient que l'Allemagne soit réunifiée, mais l'Union soviétique préférait qu'elle reste divisée. La réunification n'eut lieu qu'en 1989, quand le communisme en Allemagne de l'Est échoua.

La production d'armes nucléaires fut une autre crise de la guerre froide. Les États-Unis avaient été la première puissance à développer et à utiliser la bombe nucléaire en 1945. L'Union soviétique fabriqua et testa sa première bombe nucléaire en 1949. Cela marqua le début d'une course à l'armement entre les deux pays. En 1952, les États-Unis fabriquèrent une bombe à hydrogène encore plus puissante que les précédentes. L'Union soviétique fit de même en 1953. En 1957, l'Union soviétique développa un missile balistique intercontinental capable de lancer une bombe nucléaire sur d'autres continents, comme l'Amérique. Les États-Unis développèrent rapidement un missile similaire. Aucune superpuissance ne voulait avoir moins d'armes que son adversaire. Les États-Unis et l'URSS finirent par accumuler un grand nombre de bombes nucléaires capables de détruire plusieurs fois la planète Terre tout entière. Les populations vécurent dans la peur d'un conflit nucléaire tout au long de la guerre froide.

Les États-Unis en sont venus à posséder environ 35 000 armes nucléaires. En 2012, ils déclarèrent être en possession d'environ 8 000 bombes nucléaires (2 900 actives, 2 800 en réserve, et 3000 stockées pour être **démantelées**). L'Union soviétique eut jusqu'à 45 000 armes nucléaires pendant la guerre froide. En 2012, la Russie en possédait près de 10 000 (4 400 actives et 5 500 stockées pour être démantelées).

De plus, les États-Unis et l'Union soviétique participèrent à différents conflits pour défendre leurs idéaux capitalistes ou communistes, là où leurs alliés s'affrontaient. Les cas les plus importants furent la guerre de Corée et la guerre du Vietnam. Après la défaite du Japon, la Corée était divisée en deux : le nord communiste et le sud capitaliste. En 1950, la Corée du Nord envahit la Corée du Sud, déclenchant la guerre de Corée. La guerre dura trois ans. Trois millions de civils et près d'un million de soldats sont morts. La paix fut signée entre les deux Corées en 1953, et un accord fixa la frontière entre les deux pays. Les deux parties se déclarèrent victorieuses.

En 1962, les États-Unis intervinrent à la guerre du Vietnam dans le but de renverser le gouvernement communiste du pays. Mais ils échouèrent et se retirèrent en 1973. La guerre du Vietnam dura 20 ans et opposa le Vietnam du Sud, capitaliste et soutenu par les États-Unis, et le Vietnam du Nord, communiste et soutenu par l'Union soviétique et la Chine. Entre 4 et 5 millions de personnes perdirent la vie dans cette guerre. Considérée comme le conflit le plus important de la guerre froide, c'était aussi la guerre la plus longue à laquelle les États-Unis avaient participé.

La guerre froide prit fin à la dissolution de l'Union soviétique en 1991. La chute du mur de Berlin en 1989 avait également joué un rôle déterminant dans la fin de ce conflit.

> *Le saviez-vous ?*
>
> *Pendant la guerre froide, les États-Unis voulaient démontrer la puissance de leurs bombes nucléaires, notamment à l'Union soviétique. Ils pensèrent même à en faire exploser une sur la Lune, et y construire une base militaire.*

Vocabulaire

(le) bien-être well-being
(les) richesses wealth
se remettre recover
(un) prêt a loan
(les) vainqueurs winners, victors
démantelé dismantled

7. DIVERS

Dans cette section, nous considérerons quelques faits et **chiffres** intéressants de la Seconde Guerre mondiale.

Nous discuterons en premier lieu de l'utilisation de la propagande, **en particulier** aux États-Unis et en Allemagne.

Nous présenterons **également** quelques données chiffrées du conflit, comme le nombre de morts et la quantité de pertes matérielles.

Enfin, nous parlerons du cinéma et de la littérature inspirés de la Seconde Guerre mondiale, et plus principalement de trois films et trois livres célèbres qui se déroulent pendant ce conflit.

Vocabulaire

(les) chiffres figures, numbers
en particulier especially
également as well, also

7.1. LES EFFETS DE LA PROPAGANDE PENDANT LA SECONDE GUERRE MONDIALE

> - *La Seconde Guerre mondiale consista en bien plus que des batailles terrestres, marines et aériennes.*
> - *Les films, les affiches et les informations jouèrent un rôle essentiel pendant la guerre.*
> - *La propagande manipulait l'opinion publique et essayait de monter le peuple contre l'ennemi.*

LE POUVOIR DE LA PROPAGANDE PENDANT LA GUERRE

La propagande est un ensemble de messages politiques visant à gagner des adeptes et à convaincre l'opinion publique de la supériorité d'une idée ou d'une proposition. La propagande peut prendre différentes formes. À l'époque de la Seconde Guerre mondiale, on utilisait principalement des affiches et des films.

La propagande fut utilisée pendant la Seconde Guerre mondiale pour promouvoir les idéaux de patriotisme et de nationalisme au sein de la population, et faire en sorte que les citoyens sachent pourquoi le pays était guerre et qui étaient leurs ennemis.

Tous les pays qui participèrent à la Seconde Guerre mondiale **firent appel à** la propagande. Les deux pays qui l'utilisèrent le plus étaient l'Allemagne et les États-Unis.

La plupart du temps, les messages de propagande étaient **erronés** ou exagérés. On exagérait les défauts des ennemis sur les affiches et les films pour générer de la haine contre eux. Les États-Unis utilisèrent aussi la propagande pour stimuler la productivité des citoyens. L'Allemagne, quant à elle, diffusa des idées antisémites. Les deux pays se servirent de cet outil commun pour unir leurs citoyens contre l'ennemi.

LA PROPAGANDE AMÉRICAINE

L'objectif principal de la propagande américaine était de stimuler la production industrielle de l'armement. C'est pour ça que beaucoup de brochures distribuées pendant la guerre représentaient des mécaniciens et poussaient au travail pour produire plus d'armes et ainsi gagner la guerre.

La propagande américaine alimentait également la haine contre l'ennemi, en particulier des Japonais. Les Japonais étaient par exemple **dépeints** en animaux sauvages ou en monstres stupides.

Les États-Unis se servirent aussi du cinéma pour leur propagande. Un exemple était le film *December 7th*, qui incitait le peuple américain à se venger des Japonais après l'attaque de Pearl Harbor. Cette production encourageait par exemple la population à acheter des timbres pour financer l'armée et contre-attaquer les Japonais.

LA PROPAGANDE ALLEMANDE

La propagande allemande, très importante pour Adolf Hitler, avait pour but de stimuler les sentiments nationalistes, de faire respecter le parti nazi, et d'alimenter la haine des Juifs.

De nombreuses affiches représentant des soldats aux cheveux blonds et aux yeux bleus communiquaient l'importance de préserver la pureté du peuple allemand et de la race aryenne (les blancs non juifs). Les Juifs, quant à eux, étaient représentés avec de gros nez et des visages caricaturés pour inspirer du **dégoût**.

Les Allemands aussi se servirent du cinéma comme outil de propagande et produisirent plusieurs films se déroulant sur le front. Comme les nazis ne mettaient en scène que leurs victoires, jamais leurs défaites, ces films encouragèrent beaucoup de jeunes hommes à rejoindre l'armée allemande.

LA PROPAGANDE D'AUTRES PAYS

L'Union soviétique fabriqua des bannières publicitaires de plus d'un mètre de long pour remonter le moral des gens. Dans beaucoup d'entre elles, les Soviétiques étaient représentés en soldats de grande taille et les nazis en de petites caricatures.

Les bannières soviétiques contenaient surtout des images, et peu de texte, car beaucoup de soldats et de citoyens soviétiques ne savaient ni lire ni écrire.

Les Britanniques utilisèrent principalement la radio et les banderoles. Leur propagande visuelle ressemblait beaucoup à l'américaine, mais elle était plus simple et représentait des soldats et des femmes habillés avec style. Les messages qu'ils diffusaient étaient très variés : des conseils pour économiser de l'argent, des rappels adressés aux travailleurs de ne pas trop se reposer (tout temps libre donnait un avantage aux nazis), etc.

> *Le saviez-vous ?*
>
> *Pendant la bataille de Dunkerque, les Allemands larguèrent des bombes, mais aussi des dépliants qui disaient en anglais : « Soldats britanniques ! Regardez la carte ; voici votre situation. Vos troupes sont encerclées. Baissez les armes ! »*

Vocabulaire

(les) affiches posters
faire appel à use
erroné wrong
dépeint depicted
(le) dégoût disgust, revulsion

7.2. LA SECONDE GUERRE MONDIALE EN CHIFFRES

> - *Il y eut beaucoup de pertes humaines et matérielles pendant la Seconde Guerre mondiale.*
> - *Les chiffres exacts sont difficiles à estimer.*
> - *Plus de 40 millions de personnes sont mortes.*

COMBIEN DE PERSONNES SONT-ELLES MORTES PENDANT LA SECONDE GUERRE MONDIALE ?

On ne connaît pas le nombre exact de soldats morts au combat, blessés, faits prisonniers et portés disparus. En effet, seuls les États-Unis et la Grande-Bretagne tenaient des registres précis de leurs soldats. Les autres pays ne faisaient que des estimations approximatives.

Le nombre de civils tués et blessés est encore plus difficile à déterminer. Mais nous savons qu'il y eut beaucoup plus de morts parmi les civils que parmi les soldats. Les civils étaient très exposés à la fois aux batailles, aux bombardements, aux exécutions, aux maladies, à la famine, aux **naufrages**, etc.

On estime que le nombre total de morts pendant la Seconde Guerre mondiale se situe entre 35 millions et 60 millions. L'Union soviétique et la Chine sont les pays qui comptèrent le plus grand nombre de morts.

Pertes humaines pendant la Seconde Guerre mondiale					
Pays	Soldats morts	Blessés	Prisonniers	Civils morts	Total de morts
La Belgique	12 000	-	-	76 000	88 000
Le Brésil	943	4222	-	-	1000
Le Commonwealth britannique	373 372	475 047	251 724	92 673	466 000
L'Australie	23 365	39 803	32 393	-	24 000
Le Canada	37 476	53 174	10 888	-	38 000
India	24 338	64 354	91 243	-	-
La Nouvelle-Zélande	10 033	19 314	10 582	-	10 000
L'Afrique du Sud	6840	14 363	16 430	-	7000
Le Royaume-Uni	264 443	277 077	213 919	92 673	357 000
Les Colonies britanniques	6877	6972	22 323	-	7000
La Chine	1 310 224	1 752 951	115 248	-	-
La Tchécoslovaquie	10 000	-	-	215 000	225 000
Le Danemark	1800	-	-	2000	4000
La France	213 324	400 000	-	350 000	563 000
La Grèce	88 300	-	-	325 000	413 000
Les Pays-Bas	7900	2860	-	200 000	208 000
La Norvège	3000	-	-	7000	10 000
La Pologne	123 178	236 606	420 760	5 675 000	5 800 000
Les Philippines	27 000	-	-	91 000	118 000
Les états-Unis	292 131	671 801	139 709	6000	298 000
L'Union soviétique	11 000 000	-	-	7 000 000	18 000 000
La Yougoslavie	305 000	425 000	-	1 200 000	1 505 000
La Bulgarie	10 000	-	-	10 000	20 000
La Finlande	82 000	50 000	-	2000	84 000
L'Allemagne	3 500 000	5 000 000	3 400 000	780 000	4 200 000
La Hongrie	200 000	-	170 000	290 000	490 000
L'Italie	242 232	66 000	350 000	152 941	395 000
Le Japon	1 300 000	4 000 000	810 000	675 000	1 972 000
La Roumanie	300 000	-	100 000	200 000	500 000
Source : Encyclopaedia Britannica ©					

Les principales victimes de la Seconde Guerre mondiale furent les Juifs et les autres minorités exterminés par le régime nazi. Ces personnes furent tuées dans des camps de concentration, des ghettos, ou des **pelotons d'exécution**.

Il est difficile de déterminer le nombre exact de ces victimes, car les Allemands détruisirent de nombreux documents avant de perdre la guerre. Les estimations sont faites à partir d'analyses démographiques, de témoignages et d'autres documents.

Nombre des victimes du régime nazi pendant la Seconde Guerre mondiale	
Juifs	6 millions
Civils soviétiques	Environ 7 millions
Civils polonais non juifs	Environ 3 millions
Civils serbes (y compris ceux de la Croatie et de la Bosnie-Herzégovine actuelles)	312 000
Personnes handicapées vivant en institution	Jusqu'à 250 000
Roms (Tsiganes)	Jusqu'à 250 000
Témoins de Jéhovah	Environ 1900
Délinquants, récidivistes et « antisociaux »	Au moins 70 000
Dissidents politiques, Résistants et homosexuels	Potentiellement des milliers
Source : L'Encyclopédie de l'Holocauste ©	

LES PERTES MATÉRIELLES

Les **pertes** matérielles de la Seconde Guerre mondiale furent immenses et difficiles à calculer précisément.

On estime que le coût total mondial de la guerre pour le monde aurait été de mille milliards de dollars. Cela impacta négativement l'économie et le bien-être social des populations.

En Europe, de nombreuses villes furent totalement détruites, de même que leurs routes, autoroutes, industries et terres agricoles. Les bombardements aériens causèrent la majeure partie des pertes matérielles.

En Grande-Bretagne par exemple, les bombardements allemands détruisirent 30 % des habitations. En France, en Belgique et aux Pays-Bas, 20 % des habitants perdirent leur **logement**. En Pologne, 30 % des bâtiments furent détruits, 60 % des écoles et autres institutions, 30 % des terres agricoles et 30 % des mines, centrales électriques et industries. L'Allemagne fut aussi durement touchée par les attaques des fronts occidental et oriental. Près de la moitié, des grandes villes allemandes furent détruites par les bombardements américains. Plus de 21 millions de personnes en Europe furent contraintes de se déplacer à cause des importantes pertes matérielles.

Les bombardements américains causèrent beaucoup de dégâts au Japon aussi. Soixante-six villes japonaises furent attaquées, et environ 40 % de leurs bâtiments furent détruits. Près de 30 % de la population perdirent leur logement. Les deux villes d'Hiroshima et de Nagasaki furent totalement dévastées par l'explosion des bombes atomiques américaines.

> ### *Le saviez-vous ?*
>
> *On estime que la Russie, la Chine, l'Allemagne et la Pologne comptabilisent à elles seules 80 % des victimes mortes pendant la Seconde Guerre mondiale.*

Vocabulaire

- **(un) naufrage** shipwreck
- **(des) pertes** losses
- **(un) peloton d'exécution** execution squad
- **(un) logement** accomodation, housing

7.3. LES LIVRES ET LES FILMS LES PLUS CÉLÈBRES SUR LA SECONDE GUERRE MONDIALE

- *La Seconde Guerre mondiale changea la face du monde et impacta grandement le reste du XXe siècle.*

- *Cela inspira beaucoup de réalisateurs et d'écrivains qui produisirent des films et des livres sur la Seconde Guerre mondiale.*

- *Ces films et ces livres présentent différentes perspectives du conflit : des histoires des premières lignes de front des Alliés, des récits de bataille des forces de l'Axe, etc.*

TROIS FILMS SUR LA SECONDE GUERRE MONDIALE

Il existe de nombreux films basés sur des événements et des personnages de la Seconde Guerre mondiale. Nous en présenterons trois : le premier se déroule dans les îles de l'Asie-Pacifique, le deuxième pendant le débarquement de Dunkerque, et le troisième parle de l'Holocauste.

Lettres d'Iwo Jima (2006) est un film produit et réalisé par Clint Eastwood. L'histoire est située à Iwo Jima, l'île où se déroula une des batailles les plus importantes entre les armées américaine et japonaise. Ce film se place du point de vue des Japonais et présente leur défense de l'île. Il **fait** également **ressortir** la loyauté des Japonais envers l'empereur, et leur attachement à se battre jusqu'à la mort.

Dunkerque (2017) est un film écrit, produit et réalisé par Christopher Nolan. Il présente l'opération Dynamo, au cours de laquelle 400 000 soldats furent évacués des côtes de Dunkerque, en France. L'action est filmée de trois angles différents, terrestre, marin et aérien. Ce **long métrage** ne contient que peu de dialogues ; il se concentre principalement sur les actions des soldats lors de l'évacuation.

Pour finir, *La Liste de Schindler* (1993) est un film produit et réalisé par Steven Spielberg. Le film, traitant du thème de l'Holocauste, raconte l'histoire d'Oskar Schindler, **un homme d'affaires** allemand qui sauva la vie de plus d'un millier de Juifs polonais en leur offrant du travail dans son usine. Le film est en noir et blanc, car Spielberg voulait créer un style documentaire et donner plus de réalisme à l'histoire.

TROIS LIVRES SUR LA SECONDE GUERRE MONDIALE

Il existe énormément de livres basés sur la Seconde Guerre mondiale, par exemple des romans ou les biographies de survivants.

Si c'est un homme est un livre écrit par Primo Levi entre 1945 et 1947. Lévi raconte ses expériences dans le camp d'extermination d'Auschwitz, relate les atrocités qu'il subit en tant que prisonnier des nazis, explique comment il survécut au travail forcé, et décrit les conditions de vie des prisonniers juifs : la famine, la violence, le manque de solidarité, la peur, le froid et l'humiliation.

Hiroshima est un reportage écrit par John Hersey et publié en 1946. Il raconte les histoires de six personnes qui **survécurent** à l'explosion de la bombe atomique à Hiroshima : deux médecins, un pasteur protestant, une veuve, un jeune ouvrier et un prêtre catholique d'origine allemande. Les éditions qui furent publiées plus tard incluent un chapitre supplémentaire relatant la vie des survivants 40 ans après l'explosion.

Stalingrad est un livre écrit par Theodor Plievier et publié en 1949. Il raconte la bataille de Stalingrad, une des plus sanglantes de la Seconde Guerre mondiale. L'auteur rédigea ce livre après avoir interviewé plusieurs soldats allemands capturés par l'armée soviétique lors de cette bataille de Stalingrad.

> ### *Le saviez-vous ?*
>
> *Un comité des activités de la guerre fut créé à Hollywood pendant la Seconde Guerre mondiale. Cette association coordonna l'action du gouvernement américain, des studios hollywoodiens et des cinémas à travers le pays pour produire des films qui aideraient les citoyens à soutenir la guerre.*

Vocabulaire

faire ressortir highlight
(un) long métrage feature-length film
(un) homme d'affaires businness man
survivre survive

BIBLIOGRAPHY

"1942 Dieppe Raid, The." (n.d.). Veterans Affairs Canada. Retrieved on December 28, 2021, from https://www.veterans.gc.ca/eng/remembrance/history/second-world-war/1942-dieppe-raid

"2nd Canadian Armoured Brigade." (n.d.). D-Day Overlord. Retrieved on December 29, 2021 from https://www.dday-overlord.com/en/battle-of-normandy/forces/canada/2nd-armoured-brigade

Adams, Sharon. (2019, May 15). Attacks in the St. Lawrence. Legion Magazine. https://legionmagazine.com/en/2019/05/attacks-in-the-saint-lawrence/

Agence France-Presse. (2020, February 6). *Surviving WWII Congo troops honoured for colonial-era battles*. France 24. https://www.france24.com/en/20200206-surviving-wwii-congo-troops-honoured-for-colonial-era-battles

"Allied powers" (23 December 2019). *Encyclopaedia Britannica*. Retrieved on April 12th, 2020, from https://www.britannica.com/topic/Allied-Powers-international-alliance.

Associated Press. (2015, August 27.) Prince Albert apologises for Monaco's role in deporting Jews to Nazi Camps. *The Guardian*. https://www.theguardian.com/world/2015/aug/28/prince-albert-apologises-for-monacos-role-in-deporting-jews-to-nazi-camps

"Axis powers" (18 February 2020). *Encyclopaedia Britannica*. Recuperado el 12 de abril de 2020, en https://www.britannica.com/topic/Axis-Powers.

BBC Radio 4 (2015): "Outtake: Death by farting?" *The Unbelievable Truth*, season 14, 1 February 2015, BBC Radio 4: England.

Barbosa de Oliveira, Alexandre; Franco Santos, Tânia; Alencar Barreira, Ieda; y Almeida Filho, Antonio José. (2009): "Las Enfermeras de la Fuerza Expedicionaria Brasileña y la Divulgación de su Retornoal Hogar". From *Revista Latinoamericana Enfermagen*, XVII-6. Retrieved on June 12th, 2020 from www.eerp.usp.br/rlae.

"Batalla de Francia" (18 April 2020). *Encyclopaedia Britannica*. Retrieved on April 18th, 2020 from https://www.britannica.com/event/Battle-of-France-World-War-II

"Battle of Britain". (20 March 2020). *Encyclopaedia Britannica*. Retrieved on April 29th, 2020 from https://www.britannica.com/event/Battle-of-Britain-European-history-1940.

"Battle of Midway". (6 November 2019). *Encyclopaedia Britannica*. Retrieved on April 29th, 2020 from https://www.britannica.com/event/Battle-of-Midway.

"Battle of the St. Lawrence." (n.d.). Valour Canada. https://valourcanada.ca/military-history-library/battle-of-the-st-lawrence/

"Battle of Stalingrad". (16 January 2020). *Encyclopaedia Britannica*. Retrieved on April 29th, 2020 from https://www.britannica.com/event/Battle-of-Stalingrad.

"Battles of El-Alamein". (16 October 2019). *Encyclopaedia Britannica*. Retrieved on April 29th, 2020 from https://www.britannica.com/event/battles-of-El-Alamein.

Belgian campaign in Ethiopia. (n.d.). Ibiblio. Retrieved December 29, 2021 from https://www.ibiblio.org/hyperwar/UN/Belgium/Ethiopia/index.html

Belgian Congo at war. (n.d.). Ibiblio. Retrieved December 28, 2021 from https://www.ibiblio.org/hyperwar/UN/Belgium/Congo/index.html

Belgium from 1830. (n.d.). Belgium.be. Retrieved on December 29, 2021 from https://www.belgium.be/en/about_belgium/country/history/belgium_from_1830

"Benito Mussolini". (24 March 2020). *Encyclopaedia Britannica*. Retrieved on April 29th, 2020 from https://www.britannica.com/biography/Benito-Mussolini.

Bielakowski, Alexander (2007). *African American Troops in World War II*. Great Britain: Osprey Publishing.

Bilefsky, Dan. (2018, May 27). A one-eyed Québécois 'Rambo' captures imaginations in Canada. The New York Times. https://www.nytimes.com/2018/05/27/world/canada/quebec-leo-major.html

Brayley, Martin (2001). *War War II Allied Women's Services*. GreatBritain: Osprey Publishing.

BRIA 16 2 A: King Leopold's "Heart of Darkness." (n.d.). Constitutional Rights Foundation. Retrieved on December 29, 2021 from https://www.crf-usa.org/bill-of-rights-in-action/bria-16-2-a-king-leopold-s-heart-of-darkness

Buzin, J. (n.d.). "The 'Belgian Congo Air Force. The air force that never was…." https://www.vieillestiges.be/files/articles/belgiancongoairforce_fr.pdf

Brunetta, Gian Piero (2003): "Istituto Nazionale L.U.C.E". *Enciclopedia del Cinema*. Retrieved on May 20th, 2020 from http://www.treccani.it/enciclopedia/istituto-nazionale-l-u-c-e_%28Enciclopedia-del-Cinema%29/

Calkins, Derreck. (2011): *A Military Force on a Political Mission: The Brazilian Expeditionary Force in World War II*. Masters' thesis. Retrieved on June 12th, 2020 from https://digitalcommons.georgiasouthern.edu/etd/600.

Canadian War Museum. (n.d.). *Canada and the war: Francophone units*. https://www.warmuseum.ca/cwm/exhibitions/newspapers/canadawar/francophone_e.html

Corigliano, Francisco (2001). "La neutralidad acosada (1939-1945): La Argentina frente a la Segunda Guerra Mundial". *Todo es Historia*, N°506.

De Rooy / De Vleeschauwer / Delerue. (n.d.). Sousa Mendes Foundation. Retrieved on December 29, 2021 from https://sousamendesfoundation.org/family/de-rooy-de-vleeschauwer-delerue

"Democratic Republic of the Congo." (n.d.). In *Encyclopedia Britannica*. https://www.britannica.com/place/Democratic-Republic-of-the-Congo/The-Democratic-Republic-of-the-Congo

Dysentery. (n.d.). NHS. Retrieved on January 1, 2022 from https://www.nhs.uk/conditions/dysentery/

El Grupo Editores Venezolanos C.A. (1990). *La Segunda Guerra Mundial. Crónica ilustrada día por día de 1939 a 1945 en dos volúmenesde colección* (Volumen I y II). Caracas.

"Ente Nazionale della Moda" (s.f.). *Enciclopedia della Moda MAM-e*. Retrieved on May 20th, 2020 from https://moda.mam-e.it/dizionario-della-moda/ente-nazionale-della-moda/

Europa Press. Winston Churchill, sus discursos más famosos. Retrieved on May 7th, 2020 from https://www.europapress.es/internacional/noticia-winston-churchill-discursos-mas-famosos-20150124082352.html

February 5, 1885 CE: Belgian king establishes Congo Free State. (n.d.). National Geographic Society. Retrieved on December 29, 2021 from https://www.nationalgeographic.org/thisday/feb5/belgian-king-establishes-congo-free-state/

Fleckner, M. & Avery, J. (2005, July). Congo uranium and the tragedy of Hiroshima. [Conference presentation.] 55th Pugwash Conference, Hiroshima, Japan. https://www.fredsakademiet.dk/library/uran.pdf

"Franklin D. Roosevelt". (8 April 2020). *Encyclopaedia Britannica*. Retrieved on April 29th, 2020 from https://www.britannica.com/biography/Franklin-D-Roosevelt.

"Free French." In *Encyclopedia Britannica*. Retrieved on January 6, 2022 from https://www.britannica.com/topic/Free-French

Granatstein, J. L. (2013). Ethnic and religious enlistment in Canada during the Second World War. *Canadian Jewish Studies/ Études juives canadiennes*, 21, 174-80. Retrieved on December 28, 2021 from https://cjs.journals.yorku.ca/index.php/cjs/article/viewFile/39917/36132

"Great Depression" (2 December 2019). *Encyclopaedia Britannica*. Retrieved on April 13th, 2020 from https://www.britannica.com/event/Great-Depression.

"Guerra Civil Española" (8 June 2020). *Wikipedia*. Recuperado el 10 de junio de 2020 en https://es.wikipedia.org/wiki/Guerra_civil_espa%C3%B1ola

Hart, B. Liddell. (2021, May 3). Battle of France. In *Encyclopedia Britannica*. Retrieved on December 28, 2021 from https://www.britannica.com/event/Battle-of-France-World-War-II

-----.(n.d.). Battle of France. In *Encyclopedia Britannica*. Retrieved on January 6, 2022 from https://www.britannica.com/event/Battle-of-France-World-War-II

Henley, J. (2019, August 15). New museum tells gripping story of liberation of Paris 75 years on. *The Guardian*. https://www.theguardian.com/world/2019/aug/15/museum-tells-gripping-story-of-liberation-of-paris-75-years-on

Henry, L. (2019, August). *The Liberation of Paris.* Origins: current events in historical perspective. Retrieved on January 6, 2022 from https://origins.osu.edu/milestones/the-liberation-of-paris-wwii?language_content_entity=en

Hernadez Galindo, Sergio (2008). "La guerra interna contra los japoneses". *Dimensión Antropológica*, Year 15, Vol. 43.

Higginbotahn, Michael (2000). "Soldiers for Justice: The Role of the Tuskegee Airmen in the Desegregation of the American Armed Forces". *William & Mary Bill Of Rights Journal*, Vol. 8, No 2.

"History." (n.d.). Embassy of Monaco in Washington, D.C. Retrieved on December 28, 2021 from https://monacodc.org/monhistory.html

"Hitler Youth". (31 January 2020). *Encyclopaedia Britannica*. Retrieved on April 3rd, 2020 from https://www.britannica.com/topic/Hitler-Youth.

"Italian East Africa." (n.d.). In *Encyclopedia Britannica*. https://www.britannica.com/place/Italian-East-Africa

"Joseph Stalin". (27 March 2020). *Encyclopaedia Britannica*. Retrieved on April 29th, 2020 from https://www.britannica.com/biography/Joseph-Stalin.

Kalbfleisch, John. (2012, November 12). Opinion: the notorious case of Mayor Houde. *Montreal Gazette*. https://montrealgazette.com/news/montreal/opinion-the-notorious-case-of-mayor-camillien-houde

Key facts. (n.d.). Embassy of Monaco in Washington, D.C. https://monacodc.org/keyfacts.html

La Enciclopedia del Estudiante: Tomo 2: Historia Universal. (2006). Buenos Aires: Santillana.

La force francophone: Military. (n.d.). Veterans Affairs Canada. https://www.veterans.gc.ca/eng/remembrance/history/second-world-war/la-force-francophone/military

La force francophone: Civilian. (n.d.). Veterans Affairs Canada. https://www.veterans.gc.ca/eng/remembrance/history/second-world-war/la-force-francophone/civilian

Langworth, R. M. (n.d.). *Feeding the crocodile: Was Leopold guilty*. The Churchill Centre and Museum at the Churchill War Rooms, London. Retrieved on December 29, 2021 from https://web.archive.org/web/20130603165106/http://www.winstonchurchill.org/support/the-churchill-centre/publications/finest-hour/issues-109-to-144/no-138/898-feeding-the-crocodile-was-leopold-guilty

Laporte, Christian. (2010, June 17). La Force publique, une saga belge et – sur tout – congolaise. *La Libre*. https://www.lalibre.be/belgique/2010/06/17/la-force-publique-une-saga-belge-et-sur-tout-congolaise-IAVE56RRCZDIVEW5TOUWS6ZK6Y/

Les Fusiliers Mont-Royal monument. (n.d.). Veterans Affairs Canada. https://www.veterans.gc.ca/eng/remembrance/memorials/fusiliers-mont-royal

Les héros de Dieppe. Musée Régimentaire Les Fusiliers Mont-Royal. http://lesfusiliersmont-royal.com/musee/fr/mediatheque-item/heros-de-dieppe/?portfolioCats=23

"Lenin" (30 de mayo de 2020). *Wikipedia*. Recuperado el 1 de junio de 2020 en https://es.wikipedia.org/wiki/Lenin

"Liberación de París"(26 de junio de 2020). *Wikipedia*. Recuperado el 8 de julio de 2020 en https://es.wikipedia.org/wiki/Liberaci%C3%B3n_de_Par%C3%ADs

Library and Archives Canada. (n.d.). *Service files of the Second World War – War Dead – 1939-1947*. Retrieved on December 28, 2021 from https://www.bac-lac.gc.ca/eng/discover/military-heritage/second-world-war/second-world-war-dead-1939-1947/Pages/files-second-war-dead.aspx

Louis II. (n.d.). Gouvernement princier: Principauté de Monaco. Retrieved December 28, 2021 from https://en.gouv.mc/Government-Institutions/History-and-Heritage#Personalities_108588

Lowe, Norman. (2010). *Guía Ilustrada de la Historia Moderna*. México D.F.: Fondo de Cultura Económica.

Marsh, J. H. & Berton, P. (2012, March 6). The War of 1812. The Canadian Encyclopedia. Retrieved on December 29, 2021 from https://www.thecanadianencyclopedia.ca/en/article/war-of-1812

McIntosh, A., Granatstein, J. L., & Jones, R. (2006, February 2). *Conscription in Canada. The Canadian Encyclopedia*. Retrieved on December 29, 2021 from https://www.thecanadianencyclopedia.ca/en/article/conscription

"Midway Islands"(26 July 2016). *Encyclopaedia Britannica*. Retrieved on July 1st, 2020 from https://www.britannica.com/place/Midway-Islands

"Monaco: facts & stats." Britannica Online. (Britannica, T. Information Architects of Encyclopaedia (2021, December 25). *Monaco. Encyclopedia Britannica*. https://www.britannica.com/facts/Monaco)

National World War II Museum, The. (n.d.). Research starters: Worldwide deaths in World War II. https://www.nationalww2museum.org/students-teachers/student-resources/research-starters/research-starters-worldwide-deaths-world-war

"Normandy Invasion". (16 January 2020). *Encyclopaedia Britannica*. Retrieved on April 29th, 2020 from https://www.britannica.com/event/Normandy-Invasion.

Occupation by Italy and Germany. (n.d.). Principauté de Monaco. Retrieved December 28, 2021 from https://en.gouv.mc/Government-Institutions/History-and-Heritage/Periods/Crisis-and-renewal-20-sup-th-sup-century/Occupation-by-Italy-then-Germany

"Operation Barbarossa". (7 May 2018). *Encyclopaedia Britannica*.Retrieved on April 29th, 2020 from https://www.britannica.com/event/Operation-Barbarossa.

Orwell, George (2000, ed.) *Homage to Catalonia*. London: Penguin Books.

"Pearl Harbor and the "Back Door to War" Theory. (7 May 2018). *Encyclopaedia Britannica*. Retrieved on April 29th, 2020 from https://www.britannica.com/topic/Pearl-Harbor-and-the-back- door-to-war-theory-1688287.

"Pearl Harbor Attack" (8 January 2020). *Encyclopaedia Britannica*. Retrieved on July 1st, 2020 from https://www.britannica.com/ event/Pearl-Harbor-attack

Pickles, D. M. (n.d.). Charles de Gaulle. In *Encyclopedia Britannica*. Retrieved on January 6, 2022 from https://www.britannica.com/biography/Charles-de-Gaulle-president-of-France

"Prisoner of war". (11 December 2018). *Encyclopaedia Britannica*. Retrieved on April 3rd, 2020 from https://www.britannica.com/topic/prisoner-of-war.

Prince Rainier III. Monaco. Retrieved on December 28, 2021 from https://www.monte-carlo.mc/en/general/prince-rainier-III/

Rannard, G. & Webster, E. (2020, June 13). *Leopold II: Belgium 'wakes up' to its bloody colonial past*. BBC News. https://www.bbc.com/news/world-europe-53017188

Riva, Ramón. (1994): "Venezuela, petróleo y la Segunda Guerra Mundial (1939-1945): un ejemplo histórico para las nuevas generaciones". *Revista Economía*, No.10. Mérida: Universidad delos Andes.

Roy, Rhonda. (n.d.). The battle for Kiska. *Canadian Heroes*. Retrieved from December 28, 2021 from https://canadianheroes.org/private-henri-richard/kiska-alaska/article-the-battle-for-kiska/

Schuler, Friedrich. (1987): "Alemania, México y los Estados Unidos durante la Segunda Guerra Mundial". *Secuencia: revista de historiay ciencias sociales*, No. 7. Retrieved on June 2nd, 2020 from http://dx.doi.org/10.18234/secuencia.v0i07.169.

"Second World War timeline" (n.d.). *The Canadian Encyclopedia*. Retrieved December 28, 2021 from https://www.thecanadianencyclopedia.ca/en/timeline/second-world-war-timeline.

Treaty establishing the relations of France with the Principality of Monaco (with exchange of letters). Signed at Paris on 17 July 1918. (n.d.). Retrieved on December 28, 2021 from https://web.archive.org/web/20110519065147/http://untreaty.un.org/unts/1_60000/27/26/00053293.pdf

"Treaty of Versailles"(6 January 2020). *Encyclopaedia Britannica*. Retrieved on April 13th, 2020 from https://www.britannica.com/event/Treaty-of-Versailles-1919.

Trouillard, S. (2019, August 25). *New museum brings Paris liberation out of the shadows*. France 24. https://www.france24.com/en/20190825-museum-paris-liberation-75th-anniversary-world-war-2-out-shadows

United States Holocaust Memorial Museum, (s/f): "Italia". *Enciclopediadel Holocausto*. Retrieved from https://encyclopedia.ushmm.org/content/es/article/italy

Van der Wee, H & Verbreyt, M. (2009). *A small nation in the turmoil of the Second World War: Money, finance, and occupation (Belgium, its enemies, its friends, 1939-1945)* (F. Parker, Trans.). Leuven University Press. Original work published 2005. www.doi.org/10.11116/SNTSWW

Ventosa, J. R. (26 January 2020). El arrogante general McArthur, un héroe incómodo para Washington. *La Vanguardia*. Retrieved on July 1st, 2020 from https://www.lavanguardia.com/historiayvida/ historia-contemporanea/20200126/473096655132/douglas- macarthur-eeuu-iigm-japon-corea.html

Whitehead, D. (2019, August 23). *75 years ago, Allied troop marched into Paris after 4 years of Nazi occupation – this was the first eyewitness account of the liberation.* Insider. https://www.businessinsider.com/ap-was-there-allied-forces-liberate-paris-from-nazis-2019-8

Winks, Robin. (2000). *Historia de la Civilización: de 1648 al Presente* (Volumen II). México, D.F.: Pearson Education.

"World War II at Forillion's gate." (n.d.). *Parks Canada*. Retrieved on December 28, 2021 from https://www.pc.gc.ca/en/pn-np/qc/forillon/decouvrir-discover/histoire/videos

"World War II"(7 November 2019). *Encyclopaedia Britannica*. Retrieved on April 12th, 2020 from https://www.britannica.com/event/World-War-II.

WWII liberation of Monaco. (2016, March 9). *Riviera Insider*. Retrieved on December bnv 28, 2021 from https://riviera-press.fr/insider/content/wwii-liberation-monaco

FIN

THANKS FOR READING!

I hope you have enjoyed this book and that your language skills have improved as a result!

A lot of hard work went into creating this book, and if you would like to support me, the best way to do so would be to leave an honest review of the book on the store where you made your purchase.

Want to get in touch? I love hearing from readers. Reach out to me any time at *olly@storylearning.com*

To your success,

Olly Richards

MORE FROM OLLY

If you have enjoyed this book, you will love all the other free language learning content I publish each week on my blog and podcast: *StoryLearning*.

Blog: Study hacks and mind tools for independent language learners.

www.storylearning.com

Podcast: I answer your language learning questions twice a week on the podcast.

www.storylearning.com/itunes

YouTube: Videos, case studies, and language learning experiments.

www.youtube.com/ollyrichards

COURSES FROM OLLY RICHARDS

If you've enjoyed this book, you may be interested in Olly Richards' complete range of language courses, which employ his StoryLearning® method to help you reach fluency in your target language.

Critically acclaimed and popular among students, Olly's courses are available in multiple languages and for learners at different levels, from complete beginner to intermediate and advanced.

To find out more about these courses, follow the link below and select "Courses" from the menu bar:

www.storylearning.com/courses

"Olly's language-learning insights are right in line with the best of what we know from neuroscience and cognitive psychology about how to learn effectively. I love his work!"

Dr. Barbara Oakley,
Bestselling Author of "A Mind for Numbers"

www.ingramcontent.com/pod-product-compliance
Lightning Source LLC
Chambersburg PA
CBHW020135130526
44590CB00039B/182